# 红色记忆® 42

## 父辈旗帜

海南省文化交流促进会　编著

南海出版公司

2015 · 海口

图书在版编目（CIP）数据

红色记忆 . 42，父辈旗帜 / 海南省文化交流促进会编著 .
— 海口：南海出版公司，2015.5（2025.1 重印）
ISBN 978-7-5442-7779-2

Ⅰ . ①红… Ⅱ . ①海… Ⅲ . ①革命传统教育—中国—青少年读物 Ⅳ . ① D642-49

中国版本图书馆 CIP 数据核字（2015）第 093014 号

HONGSE JIYI · 42——FUBEI QIZHI

**红色记忆 · 42——父辈旗帜**

作　　者　海南省文化交流促进会
总 策 划　刘　栋
顾　　问　贾延岩
执行总编　任在齐
责任编辑　聂　敏
封面设计　郑广明
排版印务　高　敏
发行总监　杨成春
出版发行　南海出版公司　电话：（0898）66568505
社　　址　海南省海口市海秀中路 51 号星华大厦五楼　邮编：570206
电子信箱　nhpublishing@163.com
经　　销　新华书店
印　　刷　天津睿意佳彩印刷有限公司
开　　本　787 毫米 ×1092 毫米　1/16
印　　张　6
字　　数　109 千字
版　　次　2015 年 5 月第 1 版　2025 年 1 月第 2 次印刷
书　　号　ISBN 978-7-5442-7779-2
定　　价　39.80 元

对历史无知的人，没有真正的信仰可言；没有信仰的人，不可能拥有美好的理想，不可能胸怀崇高的情感，也就不可能担负起任何责任。用欲望文化代替历史教育，足以使一个国家的青年被腐蚀、使一个民族的希望被毁掉，使这个国家和民族被永世万代地奴役！

鉴于此，我们呼唤历史，唤回那段属于二十世纪的“红色”历史，唤回那段炮火硝烟、颠沛流离的历史，唤回那冲天的狼烟留下的悲壮回忆、岁月年轮沉淀的斑驳痕迹。历史不应该被忽略，更不应该被遗忘，牢记那段革命战争年代的红色历史更是责任。为了那些不应该被忘却的记忆，为了那些不应该被丢弃的信念，于是就有了这套《红色记忆》丛书。

曾记否，当草鞋与意志丈量出来的两万五千里穿越一个伟大民族五千年的荣辱兴衰，革命的火种被一路播撒、一路点燃。人迹罕至的雪山、荒无人烟的草地被鲜血浸透，衬映出一段光辉的里程；万水千山早已被远远地抛在身后，一轮红日在黄土高原磅礴而起。满目疮痍的河山在1936年10月温暖如春……

曾记否，当生命和鲜血浸染的十几年光阴将一种记忆铭刻进一个伟大民族的历史画卷，革命的火焰从星火到燎原。这栏杆拍遍、易水悲歌般的呼号，这折戟沉沙、慷慨赴义的悲壮，这铁马冰河、枕戈待旦的苦战，这红旗漫卷、所向披靡的豪迈……腔腔热血、铮铮铁骨早已被熔铸成一座不朽的丰碑，中华民族从苦难中百死后生的壮丽诗史凝结成了五星闪耀的红色记忆。

曾记否，中华人民共和国成立以来，又有无数英烈接过前辈用鲜血染红的旗帜，或壮怀激烈戍边卫国，或忠于职守鞠躬尽瘁，或绝甘分少奉献大爱，甘做国家强盛、人民富裕的铺路石，成为和平年代民族复兴的荣光，把人民心中的红色记忆浸染得分外鲜艳，永不褪色。

这红色记忆，是信念不衰、志向不改的崇高气节；这红色记忆，是无私无我、生属苍生的博大胸怀；这红色记忆，是敢为人先、披荆斩棘的拓荒精神；这红色记忆，是中华民族最宝贵的精神财富。它告诫我们，人事有代谢，传承无绝期。缅怀先烈精神，继承先烈遗志，是社会的道德和民族的良心，是后来者须臾不可忘怀的本分。

老一代人把历史的真实交付给我们，我们有责任用真实还原历史，传承给下一代，把那段岁月与现在年轻人的生活连接到一起，使他们眼中的历史变得立体、真实、可靠，让历史成为他们前进的动力。本丛书将那些流动的、随时会飘散在时间天际的事件凝固下来，希望透过这些文字、图片，感受到英雄们那坚定的革命信念，感受到那个年代澎湃的革命激情，真切体会那段“红色历史”。

忘记历史，就意味着背叛。让我们重温历史，缅怀先烈，从中汲取力量，毅然前行。

刘栋

# 目录 CONTENT

# 目录 CONTENT

# 父辈征程

## ——一幕悲壮，一个故事

文 / 高永云

我和小李的姻缘使我们两家的四位老人得以相识，聊起往事才知道，我的父母和我的婆母曾是抗日战争时期在太行山八路军总部工作过的战友。两位母亲同年出生，又同在十二岁那年到太行山参加了八路军。我母亲从山西长治抗大分校毕业后，被分配在八路军总部工作。婆母因为有一副好嗓子，被送到太行鲁艺分校学习，后来在太行实验剧团唱歌演话剧。我父亲则在八路军的兵工厂里制造枪炮。他们虽然都生活和工作在太行山区，却近在咫尺互不相识，是1942年日军发动的五月“大扫荡”把他们联系在一起。

1942年5月下旬，侵华日军华北司令官冈村宁次调集精锐部队两万余人包围了八路军太行山根据地，发动了残酷的“大扫荡”。5月末的一个清晨，全副武装的日军在空军的配合下，以太行山的南艾铺、窑门口为目标，突然发起总攻击。他们从四面八方对八路军总部所在地进行压缩，企图完成“铁壁合围”，一举歼灭八路军首脑机关。当时，总部机关所在地还驻有北方局、新华社、工厂、学校、医院及婆母所在的剧团等单位。守卫总部的八路军部队，为争夺突围通道，与日军展开了一场惨烈的斗争，这场战斗持续了十几个小时。战士们面对几十倍于己的敌人毫不畏惧，英勇反击，直到打光了所有的子弹，流尽了最后一滴血。他们用生命和鲜血为总部的转移赢得了宝贵时间。在这段时间里，我母亲随总部机关带着党的重要文件撤退了。在柳沟兵工厂做厂长的父亲和总工程师陈志坚伯伯分别带领工友们把工厂的设备、原料、成品等物资运进大山深处隐藏起来，而婆母与几十名女战士及部分后勤人员却没能冲出重围。在潮水般涌来的日本兵的追赶下，她们爬上了一座名为莲花垴的高山，前方是悬崖峭壁，后面是步步紧逼的日本兵，日本兵呱啦呱啦的喊叫声和日本翻译劝降的声音越来越近。在此关头，婆母与其他女战士像所有八路军战士一样，在生与死面前选择了尊严和牺牲。她们高喊“绝不做日本人的俘虏”，互相搀扶着走到悬崖边，义无反顾地跳了下去……后来，据一名被俘的日本翻译说，爬上山顶的日本兵，纷纷站在崖顶，毕恭毕敬地向悬崖下的英雄敬礼。

同一天，当陈志坚伯伯带着工友埋藏好机械设备和物资的时候，天已过午，劳累了几天几夜的工友们纷纷散去。陈伯伯再次检查了设备藏匿的情况，拖着疲惫的身体，沿着山间小路去找部队。路上，一位背着柴火的老大爷迎面走来，他抬眼打量了一番面前这个穿着灰色军装的年轻人，指指身后的大山说：“坡坡上躺着个女八路，还有口气哪！”说完便匆匆地走了。陈伯伯立刻沿着老乡指的方向走进山谷，找遍所有可以被称作“坡”的地方，终于在一棵大松树下的土坡上找到了那位“有口气”的女八路。他把她喊醒，问她叫什么名字，哪个部队的。女战士已经没有力气睁开眼睛，断断续续地说自己叫培蕊，是实验剧团的演员。陈伯伯赶忙解下绑腿，把瘫软如泥的女战士紧紧地系在自己的背上，捡了根粗树枝拄着，小心翼翼地朝山下走去。总部医院已经转移，陈伯伯走走歇歇一路询问也没打听到医院的下落。天傍黑的时候，枪炮声渐渐稀疏，“扫荡”的日本兵也开始撤退了。一匹跑散的日本大洋马正在路旁吃草。陈伯伯紧跑几步上前抓住马缰绳，把女战士放在马背上，牵着马一路继续寻找医院。忽然一颗炮弹在离他们不远的地方爆炸了，巨大的爆炸声和四溅的泥土吓得大洋马嘶叫着挣脱缰绳飞奔而去，在村口拐弯处把背上的女战士甩了下来。被大洋马拖倒在地的陈伯伯顾不得自己的伤痛，连滚带爬地来到被摔得昏迷不醒的女战士身旁，他知道她再也经不起路途的颠簸，必须马上救治，于是从村里找来一位老乡，把女战士抬进老乡家中。陈伯伯和老乡一起为女战士做了伤口清洗和简单的医疗处理。女战士昏昏沉沉地睡着，直到第二天晚上才逐渐苏醒，可是浑身无力的她动弹不得。陈伯伯只好把她寄放在老乡家养伤，他翻出身上所有的边币交给老乡，嘱咐再三，自己才离开，连夜去寻找部队。

日军的枪炮和屠刀没能使太行山的军民屈服，他们在党的领导下展开了艰苦卓绝的反“扫荡”斗争。6月底，日军不得不撤退，四十多天的“大扫荡”终于结束了。战争的硝烟还未散尽，八路军各单位便开始清点人数、整顿纪律，以便尽快恢复工作和生产。陈伯伯和其他同志一样，按照上级规定向组织如实汇报了他脱离部队后那段时间的经历。可是却有人反映他在反“扫荡”期间，背着一位女八路谈恋爱，要求组织审查他。父亲以工作忙为由拒绝了。

1943年的延安“整风运动”开始后，5月反“扫荡”期间陈伯伯脱离部队及与女八路关系的问题再次被提出来，陈伯伯作为重点审查对象被关了起来。父亲在

自己被审查甄别之后，多次为陈伯伯辩白，万般无奈之下，只得说出了陈伯伯的身世。

陈伯伯是河北河间人，在他很小的时候就被迫做了手术，准备进清宫当太监。1924 年，末代皇帝溥仪被驱逐出宫，陈伯伯没有被送进皇宫，被亲戚带到唐山，考入铁道学校。那是一所为穷人孩子提供食宿、免收学费的学校，但毕业后必须在铁道部门从事艰苦的工作。陈伯伯在学校里接受了共产党的教育，抗日战争开始后，他便辗转来到太行山参加了八路军。父亲的证言使审查人员无语，陈伯伯被解救了出来。

“文化大革命”期间，那段往事又成了陈伯伯被重点审查的内容。专案组根据他提供的女八路叫培蕊，康复后被送到延安，可能在中央机关工作的线索，开始了全面调查。两年后，他们终于通过中央办公厅找到了在江西五七干校劳动的婆母。后来据婆母说，当她知道来人是调查陈伯伯的时候，激动地站了起来，反反复复地问：“他在哪儿？我找他找得好苦！”虽然婆母没有得到陈伯伯的任何消息，但她还是高兴了好久，因为她终于知道了救命恩人的名字，她相信自己一定能找到他。

又是一个十年过去了。1977 年初，我和小李结婚。1978 年春天，我的父母来看我和他们的外孙。与亲家聊天时，婆母再次提起“五月大扫荡”，提到了那位曾经救过她却始终找不到的陈志坚大哥。父亲这时才把当年陈伯伯的经历和眼前的亲家联系了起来。他告诉婆母他知道这件事，也谈起为了这件事陈伯伯所受的委屈。他还告诉婆母，陈伯伯如今在某部工作，与他的妹妹一起生活。婆母请父亲帮忙，一定让她见见这位救命大哥。

那年秋天，我们搞了个家庭宴会给陈伯伯庆生，老人们终于相见了。没等我父亲引见完毕，婆母就已经泪流满面，她几乎扑到陈伯伯怀里，泣不成声地说：“大哥，我找到你了，我终于找到你了。”说着便像小姑娘一样放声大哭起来。陈伯伯眼里含着泪，轻轻地拍着婆母的肩膀，小声说：“培蕊，不哭，咱们不哭啊。”所有的人都掉泪了，房间里一片唏嘘之声。我们这些晚辈也流下了眼泪，这泪水饱含着敬重和快乐，为我们父辈纯洁的战友情谊，也为他们迟到的相逢。

（本文选自中直育英同学会）

# 我的祖父邱子才

文/邱军梅

邱子才，1909年11月24日出生于河北赵县，1930年加入中国共产党，同年参加红军。1938年随八路军一二九师东进纵队工作团开赴冀南，任民运干部。其间组织成立了赵县第一支抗日武装，即县大队，并兼指导员、县大队长。任职期间为正规部队补充兵源一县武装向正规部队过渡达六次之多，计六百余人（人数为每次一百余人）。1938年12月至1939年10月任冀南军区五分区司令部作战参谋，并兼职县大队长。1939年10月至1940年9月随主力赴前线，多次战斗负伤。因最后一次右臂伤重，痊愈后，转入敌工部任五分区司令部敌工部参谋。1940年10月至1941年7月到延安参加了干部训练班，10个月后被派往德石沿线做敌工工作，任五区司令部敌工部参谋。1941年7月至1943年7月任五区司令部敌工部参谋，兼德石沿线（德州—石家庄）地党负责人（在此期间除搞情报外还利用“大商人”身份为部队筹集资金、枪支弹药及文化用品等）。1943年农历七月初七，由于叛徒出卖被捕囚禁于石家庄日本宪兵队（南兵营），遭严刑拷打，惨死于此。

祖父邱子才原名邱西林，化名邱文章。1909年他出生在河北赵县宋城村一个颇有声望、比较富足的农家，自幼读书，后考入县师范。他追求进步，学生时期就加入了中国共产党，多次参加和组织学生抵制日货，掀起反压迫、反侵略的学潮，还发展进步学生入党，壮大了党的队伍。1930年他投笔从戎，参加了红军。

七七事变后，日军大举入侵华北，赵县沦陷。祖父随一二九师东进工作团开赴赵县。他号召乡亲们团结起来，共同抗日，并组织了赵县第一支抗日武装——便衣队。他们的便衣队在赵县境内多次击退日伪进攻，摧毁日军用于运输的铁路，极大地打击了日伪的嚣张气焰。据赵县东罗村张波老人回忆，当年这支队伍规模最大时达一千多人。当时队伍经费相当紧张，祖父就把队伍带到自己家中，在自己家后院一字支起十几口大锅。战士们边训练，边打仗。训练合格一批输送主力一批，如此达六次之多，计有六七百人（每次一百余人），人称“兵贩子老邱”。

日军“扫荡”后，房屋被烧、处境悲惨的群众

1938 年冀南军区第一军分区任命祖父为司令部作战参谋，后他又受命与张文杰、李明玺一起组建了赵县抗日大队，即县大队，编为四大队。1938 年 9 月至 12 月，祖父兼职大队指导员，同年 12 月至 1939 年 10 月又兼职大队长，因此被人称为“四参谋”或“四大队长”。因当时装备不足，他就用自家资财配备新兵。武器不够，他还利用大舅哥任国民党军队要职之便，向他宣传共同抗日的道理，终说服他思想转变，购买了他们一批枪支弹药为我所用，并最终争取他为我们工作了。这支队伍在赵县配合主力，联合临县抗日力量多次打败日伪的“扫荡”和“清剿”，消灭了日伪的疯狂气焰。

日伪的铁路被扒光，运输物资被拦截，人员大量伤亡，这使得日伪对抗日力量恨之入骨，又怕之入骨，但他们还是经常趁队伍不在或天黑偷袭队部或村庄。有一天傍晚，探子来报说：“来了一队日本兵，快要进村了！”情况紧急，当时队伍没在，村中人少，一时集中不起人来迎战。怎么办？祖父急中生智，噌地跳上房顶，拔出双枪，冲着下面喊：“大家注意啦，准备战斗！一队长你带人堵住村口，二队长你带人守在这儿，三队长你掩护进攻！”机智的村民们在下面你一声我一声地大声回应：“是！是！大队长知道了！”这时祖父冲天开了一枪，随口喊道：“剩下的人跟着我，别让一个日本兵跑掉！”走在最前边带队的伪军，不知底细，惊慌地对日军小队长说了句什么，那队日军兵掉头没命地往回逃窜！后来小长（专编顺口溜的人）就编了个顺口溜："咱们邱队长，七不隆咚锵，打得日本人喊爹又哭娘。日军来扫荡，队长跳上房，唱出空城计，胆大美名扬。"

1939 年 10 月以后，祖父完成了上级交给的各项任务，诸如：建立抗日大队，帮助临县、村、乡成立抗日武装和抗日组织（他曾把四大队的十支大枪和子弹借给了八大队，使得他们尽快地武装起来）；联合各县成立联合抗日队伍，之后又为主力征集了最后一批兵源，计三四百人，一同上了前线，赴了战场。

八路军和游击队进攻日军碉堡

1940 年夏，赵县归属于冀中，祖父被调往冀南军区第五军分区任作战参谋。他多次亲临战场，也多次战斗负伤，最后一次参战右臂伤重，养好伤以后，就转任五分区司令部、敌工部参谋，仍配有两名警卫跟随左右。

根据上级指示，祖父做敌工后常去北京、上海、天津、德州等地联系进步人士，为抗日筹资。1940 年 10 月他来到延安，参加了地下组织训练班，亲自聆听过周恩来讲课、朱德等中央领导同志的讲话。十个月后，训练班结束即被分配在德石线（德州—石家庄）工作，负责地下党的联络及情报工作。

在德州，祖父以商人身份作掩护，经营玉华鑫鞋店、旅店和饭店，"生意"做得很红火。脱下军装的祖父依然风度翩翩，西装革履，在德州各界都有"朋友"，甚至出入日本军营也畅行无阻。他为我党和部队搞到了不少军事情报和大批武器弹药，还有文化用品如钢笔、笔记本等。因为工作的需要，他也结交了一些日本人。一次日本军官不知从哪得到消息说祖父是"八路"，当晚便去抓人。当时祖父去了石门，日军扑了空，于是在鞋店四周设下埋伏。日本军营内有祖父的一个朋友，在明知通风报信会杀头的情况下，他设法通知了一个叫张子刚的德州人。张子刚连夜

赴石门，通知了拂晓赶回的祖父。祖父幸免于难，而那位日本朋友却被日军残忍地杀害了。

德州回不去了，祖父就在石门东里村东街附一号安了家。在石门，虽无买卖作掩护，可他衣着长袍，骑高头大马，护兵两边跟随，威风凛凛足以掩人耳目。祖母则出入乘轿，以邱太太的身份迎来送往，传递情报。

1943 年农历七月初七午夜，一阵山响的砸门声之后，闯进来六七个便衣日本兵，不由分说直奔南屋，堵住了祖父和另三位正在开秘密会议的同志，随即五花大绑将他们抓走了。另三位是朱增鞠、李尚武，还有一位只知道他姓余。除李尚武没多久被放出来外，祖父和另两位再无消息。经多方打听，祖母得知他们被抓到石门南兵营日本宪兵队监狱里了。她抱着几个月大的小女儿去探监，祖父接过孩子亲了又亲，说："回去吧，把她好好抚养成人，为了他们这一代不再受苦，我投身革命，决心为之奋斗到底，要是我死了，让她继承我的事业接着干！"望着遍体鳞伤的丈夫，祖母泪流满面。她当时只有三十一岁。

回到家，祖母从孩子尿布下摸出一只袜筒，这只袜筒她看了又看，终于看出了异样：拆开一看，袜底缝着白色绸绢，上面的小楷毛笔字工整清晰，那大红印章说明它不一般。白绢上写道："兹有本部秘密工作员邱子才同志在德石路一带工作，希各抗日机关验照协助，以利抗战，万勿阻碍。致要公为荷。邱子才同志收执。秘密工作长期使用。冀南抗日联军第五军分区章。政治委员杨树根，政治部主任王海青。中华民国三十年十月十日开。"

另一张上面写着："通行证 1941.7.×××。抗日部队及救亡团体见条放行，政治委员杨树根。"见到这两张祖父身份的证明，祖母的泪水一下子流了下来。她捧它在手心，贴它在心口，想着千万不能让它落入敌人手中，转而思忖再三，还有组织上的人不知道祖父被捕，到这里来定会落入敌手……几天以来特务在墙外严密监视，一天夜晚趁特务们不注意，她带着四个孩子举家逃离了这里，回到了赵县老家。

就是这只旧袜筒支撑年轻的祖母坚强地活了下来，并陪伴她走完了八十四岁的人生。

（本文选自《档案天地》）

# 我的奶奶戎冠秀

文 / 李耿成

戎冠秀

我的奶奶戎冠秀是享誉全国的“子弟兵的母亲”，是爱国拥军的一面旗帜，她一生爱兵如子，对人民军队有着特殊的感情。著名诗人田间的长诗《戎冠秀赞歌》开头是这样写的：“我唱晋察冀，山红水又清，这位好老人，好比一盏灯，战士给她火，火把灯点明，她又举灯来，来照八路军。”

我三岁就和奶奶一起生活，经常听奶奶讲过去的故事。奶奶的谆谆教诲我时刻牢记，奶奶的模范事迹和献身精神不断激励着我，慈祥的奶奶永远活在我的心里。1937 年，卢沟桥事变后，八路军开进了太行深处的平山县。很快，共产党“一致对外，抗日救国”的口号传遍了每一道山沟，平山县迅速成为我党创建的第一个敌后抗日根据地——“晋察冀边区行政委员会”的腹地。我的家乡下盘松村也成立了农救会、妇救会、青年抗日先锋和儿童团等群众组织。我爷爷担任了村农救会主任。1938 年 2 月，奶奶光荣地加入了中国共产党，并担任下盘松村的妇救会会长、伤病员转运站站长，而且连选连任了好几年，从此落了个“老会长”的名，远远近近，一提起老会长几乎无人不知。入党后，奶奶像变了一个人，除了关心丈夫和孩子，还特别关心村里的事情和来来往往的八路军，把做军鞋、做军衣、交公粮、出公差勤务、照料伤病员看得比自己家里的事还重。

1941 年至 1943 年，日军对我晋察冀边区根据地进行了惨绝人寰的“大扫荡”。在反“扫荡”中，奶奶艰难地迈着小脚，带领妇救会员给前线的战士送水送饭；日军进村时，奶奶担负着转移群众的任务，常常几天几夜不能合眼。

一次，有位重伤员，头上被敌人砍了六刀，血肉模糊，奄奄一息，抬担架的都说没救了。奶奶先用温开水给伤员擦洗了伤口，再敷上中草药。伤员牙关紧闭，喂到嘴里的水顺着嘴角流出来。奶奶就用小勺，轻轻撬开他的牙缝，再一滴一滴地喂，半碗水足足喂了一个小时。过了一会儿，伤员慢慢睁开了眼睛，但是还不能说话，奶奶又喂了他一碗豆腐脑。看到伤员光着脚，奶奶就从我姑姑穿的棉衣里揪出一些棉花，为伤员包脚，终于把这名重伤员从死神手里夺了回来。分别时，这位伤员紧紧握着奶奶的手，眼含热泪，连声说：“好老人，好老人，您比我母亲还要亲。”

戎冠秀照顾伤员

奶奶救护过的八路军伤病员不计其数，但救护邓仕均的故事最具传奇色彩。1943 年，邓仕均在八路军老五团任连长，战斗中左胳膊负伤，还“打摆子”（发疟疾），住在白求恩大夫曾工作过的花木后方医院。敌人“扫荡”时，邓掉了队，和医院失去了联系，被日本兵追赶。子弹在耳边嗖嗖地飞，奶奶冒着生命危险，凭借熟悉山里的地形，带着他摆脱了敌人，并让他踩着自己的肩膀，藏进了秘密山洞。在确认日本兵走了后，又给他找来吃的喝的和治疟疾的中草药。经过几天的精心照料，邓仕均重返前线。

巧的是，奶奶和邓仕均都参加了晋察冀边区第一届群英大会，都做了大会发言。从奶奶的发言中，邓仕均才知道反“扫荡”中救护自己的大娘，原来是戎冠秀。奶奶发完言后，邓仕均跑到奶奶面前致谢。奶奶说：“千万别客气！你们子弟兵为老百姓流血牺牲，谢谢你们了。”奶奶非常关心邓仕均，她抚摩着他身上的伤疤，问长问短，那么爱怜，那么慈祥。邓仕均更是把奶奶当作了自己的母亲，见了面总有说不完的话。群英大会后，邓仕均又给奶奶写了信，信中说：“您是子弟兵伟大的母亲，我愿将我的枪端得平平的，瞄得准准的，去射击万恶的敌人，保卫您，保卫我们的晋察冀！”

村里成立了垦荒团，奶奶任团长，破天荒地打破了山区妇女不参加田间劳动的习惯。村里从来没种过棉花，可子弟兵不仅要吃而且要穿，为了更好地支援前线，奶奶跑了几十里山路向人请教种棉花的方法。她选了阳坡地开出一块田，精耕细作。功夫不负有心人，秋收时节，棉花丰收了，满地的棉桃绽开了嘴，白花花一片。奶奶成为太行深处的第一个种棉人。

有了棉花，她又有了新目标——纺线织布。她利用到县里开会的机会跟房东学会了纺织技术，搬来下盘松村的第一台纺车。没多久，她就把连纺车都没见过的大姑娘、小媳妇培训成了一批纺织能手。奶奶她们用自己的棉花、自己的布做了第一批军衣。

抬担架、做军鞋、救伤员，戎冠秀是晋察冀边区的支前模范

她挨门挨户动员妇女到识字班读书、唱革命歌曲，她向妇女群众宣讲抗日救国和妇女解放的道理，向她们宣传放足、剪辫子的好处，浅显易懂，声声入耳。妇救会会员李黑妮突然“病死”了，奶奶觉得可疑，她冲破重重阻力，不顾尸体腐臭，开棺验尸，并透过种种蛛丝马迹，查清了真正死因是其丈夫将其害死。最终，其夫受到严惩。妇救会会员们更把奶奶当成了主心骨。在艰苦的环境和残酷的对敌斗争中，她带领妇女们，积极拥军支前，救护伤员。妇女们挑起了支前和生产的重担，妇救会员们做的军鞋，奶奶每双都要过秤，做军衣时，她要求单衣双线缝，倒钩针，棉衣要用新棉花，絮得匀，够分量。一次，奶奶发现有套棉衣是用旧棉花絮的，马上找到当事人。她首先十分关切地问当事人儿子在华北联大学习的情况，以情感人，增加亲和力。随后转入正题说：“你这套棉衣摸着有点特别，是不是晚上做活儿没看清，絮错棉花了？咱们的儿子在外头抗日闹革命，万一穿了不好的棉衣，咱当娘的该多心疼啊！”当事人虽然自知理亏，但嘴上仍说：“我絮的可是公家发给的棉花，看在你的面上，我现在就换上我自己家的好棉花。”奶奶马上给她台阶下，说：“那我就先代表子弟兵谢谢你啦！”这样既照顾了当事人的面子，又保证了军衣的质量，做到了有理有利有节，让人心服口服。由于奶奶工作认真负责，一丝不苟，讲究方式方法，耐心细致，奶奶她们送的军衣军鞋，数量、质量都数第一。

在扩军大会上，奶奶第一个发言，她说：“我有三个儿子，全报名，验上哪个哪个去，都验上了都去！要是不嫌我老伴老，让他也给咱八路军喂马。”在奶奶的带动下，革命老区出现了母送子、妻送郎，兄弟争着上战场的动人情景。我叔叔参军后多次立功受奖，最后壮烈牺牲在朝鲜战场（当时是炮兵连长）。在往后的岁月里，奶奶又先后送四个孙子、一个外孙和一个外孙女参军，报效祖国。

中华人民共和国成立后，奶奶仍然时刻惦记着解放军，多次向边防战士赠送锦旗，写慰问信，到部队讲革命传统。

建军六十周年前夕，奶奶和县妇联的同志一起做了双纳底布鞋，寄给了聂荣臻元帅。聂元帅很快就回了信，信中说：“这双鞋虽然很普通，但它包含了老区人民的心意，是军民鱼水情的结晶。”聂元帅把这双鞋摆放在自己住室的茶几上，寄托了对奶奶的无限怀念之情。

奶奶一生艰苦朴素，克己奉公，堪称楷模。一块一尺见方的坐垫，竟是用八十多块碎布头缝成的，它就是奶奶留给我最好的纪念物。

1944 年 2 月，她老人家穿着补丁摞补丁的衣服出席晋察冀边区群英会，会议期间，是著名电影表演艺术家胡朋撕下自己的衣襟给奶奶缝补棉絮乱飞的袄袖。奶奶的大会发言获得了雷鸣般的掌声，她的模范事迹得到代表们的高度赞扬。子弟兵为英雄的母亲而欢呼，妇救会员们为可敬的榜样而自豪。因聂荣臻司令员去延安准备参加党的七大，由副司令员程子华代理军区工作。大会闭幕后，程子华率领军区直属队全体子弟兵全副武装列队欢送奶奶，军区副政委刘澜涛、政治部代主任朱良才亲自搀扶奶奶跨上大红骡子，并派一个班的战士，护送奶奶回到平山。喜讯通过电话传到县委，县委立即通知沿途村庄组织群众夹道欢迎。当奶奶骑着大红骡子进入平山县境两界峰时，妇女们扭着秧歌，儿童们打着霸王鞭，民兵自卫队扛着步枪、红缨枪，列成整齐的队形，敲锣打鼓，高呼口号，热烈欢迎奶奶光荣归来。之后，奶奶在家庭会议上提议：获奖的一匹布分成三十六份，分给全村三十多户贫雇农做鞋面，奖励的骡子供全村乡亲们搞生产。这一提议得到了全家人的赞成，而奶奶仍穿着破旧的衣裳。

中华人民共和国成立后，县政府要派小汽车接奶奶去北京参加全国人大会议。奶奶为了给国家节省汽油，骑着小毛驴到县城再换乘公共汽车。1954 年，上级发给奶奶一套灰卡其布制服，她老人家只有进省城或上北京开会时才舍得穿，平时总是穿着打补丁的衣服。奶奶说："当了人民代表，更不能脱离群众。国家不富裕，我们应该多为国家分忧。"

奶奶为党的事业献出了毕生精力，她老人家留给我们的精神财富，将激励我们不断前进。

（本文选自《非凡岁月》，有删节）

# 我的祖父陈超凡烈士

文/陈　琦

祖父名叫陈超凡（原名陈森瀚），于1911年8月出生在广东潮安（现潮州市湘桥区）黄金塘村一贫苦家庭。20世纪20年代后期，祖父考进广东省省立第二师范学校（韩山师范）乡村师范班。恰逢潮汕革命风起云涌之时，作为潮汕文化中心的韩山师专，已是先进思想传播的园地。特别是九一八事变的炮声，使祖父加入韩师抗日队伍中去。他和同村同学陈洁、陈初明等回到家乡，开展抗日救国的爱国宣传活动，唤起民众的爱国热情。从此，祖父就再没停止过他的革命工作。

1937年4月，祖父由陈初明（时任中共普宁工委书记）、王让余介绍，光荣地加入了中国共产党。同时，担任了黄金塘村党小组长，党员还有陈桂盛、陈洁。黄金塘村第一次有了自己的党组织，从此，祖父更积极地投身到抗日救亡运动中去。祖父他们在村里组建起“青抗会”，配合其他地区的抗日救亡运动。在革命思想的影响下，村民们懂得了许多革命道理，村里的许多“青抗会”会员都成了革命骨干力量。

不久，祖父奉命调到普宁，以教书为掩护，参加中共领导的地下革命工作，抗击日军直至迎来抗战的胜利。祖父曾在普宁的里湖、庵埔、西陇、秀陇以及揭阳的大溪李等地的学校担任过教师、教导主任、校长。这些学校是党领导下的知识分子和进步青年集结的地方。当时，普宁是沦陷区，物价高涨、教师薪水低，加上祖父乐于帮助有困难的同志，故祖父常常过着有上顿没下顿的艰苦生活。他只有一件长衫，一年四季都穿着它（中华人民共和国成立后，被送往潮州博物馆）。一回家，就赶紧脱下来，可谓是捉襟见肘。生活如此窘迫，但祖父革命信念始终坚定。也就是在这个时候，他把自己的名字改为“超凡”，立志做个不平凡的革命者，为革命鞠躬尽瘁，死而后已。他义务办夜校，组织贫苦农民、妇女识字读书；九一八国耻日，在庵埔全校师生及各村农民参加的集会上，祖父慷慨陈词，痛斥日军的暴行，大大激发了民众的爱国热情。在他的宣传发动下，庵埔的农民纷纷参加杀敌队，在日军进犯里湖时，与敌对抗，狠狠地打击了日军的嚣张气焰。当时，庵埔的农民、学生就有七人为抗日献出了宝贵的生命。

1946 年 1 月，中共潮安县工委成立。任县工委宣传部部长和潮安文教、城镇特派员的庄明瑞同志，到黄金塘村联系工作。此时支部只剩陈宽隆、陈延国、陈振平、陈两隆四人，革命处于暂停状态。为恢复和加强黄金塘党组织力量，上级党组织决定派祖父回家乡黄金塘开展工作。

回到阔别多年的故乡，祖父顾不得疲倦，立即投身到革命中去。他以村小学校长的身份为掩护，担任村党支部书记。此后，根据党的安排，出任村里没人敢当的黄金塘村保长。他以合法的身份和在乡中的地位，在潮安国民党的眼皮底下，建立起一个地下组织的战斗堡垒。村党支部除积极发动村民抗“三征”（征兵、征粮、征税），开展减租减息外，还组建起地下基干民兵，帮助游击队搜集情报。同时，参加由潮澄饶丰人民抗征队独立中队组织的攻打澄海店市伪警察所、处决伪警察所巡官以及向潮州桥东资本家米店借粮借款等几次较大的战斗。

在党的领导下，黄金塘党组织活动更加活跃，群众的觉悟更高了，加上黄金塘的有利地势，黄金塘逐渐成为一个平原往山地的重要交通站和革命隐蔽点（从潮汕重要的口岸汕头—澄海冠山—潮安佘厝洲—下埔—黄金塘—北坑—根据地凤凰山）。武装队伍南来北往，共产党员、海外侨胞、革命青年上山参加革命，都是到黄金塘住宿。每逢他们到来，无论早晚，党支部总是热情地为他们安排食宿，安全地送他们上路。党的领导人卢叨、周礼平、吴健民、李习楷、庄明瑞等同志曾先后到此，进行联络和指导各地工作，村党支部都确保他们的安全，胜利地完成了党的重要任务。

革命形势的发展，地下人员的频繁往来，使村里的反动派惶惶不可终日。1948 年 5 月 20 日凌晨，祖父、陈延国、陈宽隆三位党员正在祖父家召开支部会议。国民党洪之政“剿匪”第四中队长沈武敏，带兵一百多人，突然包围黄金塘，占领村中最高点——后山顶，并把机枪对准祖父的居所，然后以查户口为名，把村民赶到陈氏宗祠前谷场。祖父等三名党员被五花大绑，十五名进步青年也被扣押起来。为使群众免受伤害，祖父挺身而出，大声呼道：“我是一保之长，有事我一人承担！”但沈武敏仍把他们带进黄金塘小学内。祖父暗示大家要严守党的秘密。面对敌人的殴打刑讯，祖父他们坚贞不屈，始终没有泄露党的机密，充分体现了共产党人大义

凛然的崇高品德。

事件发生后，党组织多方设法营救，并筹集了两万多元纸币，赎出进步群众十五人，但祖父等三名党员始终没法出狱。国民党在找不到任何证据的情况下，恼羞成怒，把祖父他们押到饶平县钱东埔美村附近惨无人道地活埋了。临刑前，祖父他们相视而笑。他们知道，这是最后的一次相会了。他们一定也知道，胜利是属于他们这样的铁骨铮铮、宁死不屈的革命者的，他们慷慨激昂地高呼：“中国共产党万岁！”

当时，对祖父有敬联曰：“生为革命英雄汉，死后超俗不凡鬼。”

（本文选自《红广角》）

# 革命老妈妈刘秀枝

文 / 叶留阳

刘秀枝，河南兰考南彰镇蔡庄村人，1925 年农历十月初一生于革命家庭。她的公公、婆婆和丈夫都是共产党员。在共产党地下组织地委书记戴晓东、共产党员徐锡鹏（她的表哥）和公婆、丈夫的影响下，她渐渐懂得了“国家兴亡，匹夫有责”“打倒日本，保家卫国”的道理。

1942 年 4 月 14 日，新婚不到一个月的她，就支持丈夫张钦礼奔赴抗日战场。那天，她给丈夫穿上亲手做的新鞋，怀里掖上烙好的玉米面饼子，临别一句话就是：“别挂心家里，别管啥时候俺等你。”从此，秀枝比谁都关心八路军的消息。

张钦礼

一次，白茅集阻击战中，她往脸上抹了一把锅底灰，背上玉米面饼子和黏面年糕，就往战场上送。令她想不到的是，当她一身汗水跑到阵地找到张钦礼他们时，反被丈夫狠狠地骂了一顿：“你不要命了？子弹可不长眼睛！”秀枝委屈的泪“唰”地一下流下来了，“人家不是记挂你吗？你还吵我。”战友潘子春见状，忙打圆场说：“钦礼，你这是啥态度？军阀作风。”又转过头来安慰秀枝道，“弟妹，你别生气，回头我们给你出气，收拾他！”秀枝忙解开背上的包袱说：“收拾就不用了，俺没生气。快招呼大家过来吃点东西。”弟兄们也不客气，一哄而上，拿着饼子、年糕吃了起来。只有张钦礼木呆呆地杵在那里，不知如何是好。秀枝瞅着啥也没有

吃着的丈夫，心疼地掏出两个鸡蛋和一双鞋，往丈夫手里一放，转身跑了……

妇救会干部万瑞芝对秀枝十分赏识，常给她讲述革命道理。秀枝的眼界渐渐开阔了，她决心像丈夫一样，当一个革命者。很快，她参加了革命工作，成了妇救会的一名干部。

革命不是请客吃饭，要革命随时都会有危险、有牺牲。张钦礼和刘秀枝先后投身革命后，她张庄公婆家和蔡庄娘家多次惨遭敌人毒手。1945 年秋，国民党便衣队把刘秀枝的父母抓了起来，严刑拷打。他们把秀枝的父亲刘文德吊到大树上，追问张钦礼的下落。刘文德咬紧牙关说："不知道。"便衣队就凶狠地用蘸着水的皮鞭抽打他，在他的腋下点起蜡烛烧，还把秀枝母亲的头发缠到树上，吊起来毒打。她的父母几次昏死过去，惨烈的情景吓傻了秀枝的三妹。

1946 年，便衣队又包围了刘秀枝的公婆家。时任抗联通信员的张先志，亲历了那惊心动魄的一幕。他在回忆录中写道："夜里，国民党便衣队偷偷进村，包围了张钦礼的家。张钦礼不在家。他的大哥和弟弟爬到房顶上，他的父母守住地道口和敌人激战。枪声、手榴弹的爆炸声和喊杀声响成一团，弹片都飞到邻居家的东墙外边了！我送信正好赶上。后来，在我驻城子部队救援下，他一家才幸免于难……"

1946 年秋，国民党二师伙同地主还乡团，在考城县大肆迫害、捕杀八路军、村干部及其家属和积极分子，手段极其残忍。八路军游击大队队长、抗战英雄王志新的母亲惨遭杀害；共产党员黄世杰一家四口被敌人活埋……我晋鲁豫第五军分区和县大队密切配合，与敌人展开了惊心动魄的生死搏斗。

一次，刘秀枝在蔡庄被敌人抓住。两个当兵的端着上了刺刀的枪紧紧跟在她的身后。秀枝想着横竖是死，与其让他们砍头，不如自己死了算了。当走到离大街不远的水井旁边时，她突然紧跑几步就往井里跳，却被挡住，没死成。敌人把她抓走，严刑拷打，逼她说出丈夫和八路军的下落。刘秀枝自始至终，要么是摇摇头，要么说"不知道"。穷凶极恶的敌人骂道："你这个'共匪'婆，总是一个摇头三个字。我看你是不想活了，再顽固下去送你上西天。"后来，经过地下组织及时营救，刘秀枝才闯过了这道鬼门关。

战争年代出生入死的往事就像印在刘秀枝的脑海中一样，铭心刻骨，永难忘怀。她常对孩子们说："我没被敌人活埋，没被枪杀，是多亏了地下组织和恁二好汉（王志新）大爷的营救啊！我的命是党给的，是同志们舍命救的。我一辈子都不能忘记党和同志们的救命之恩！"

（本文选自《党史文汇》，有删节）

# 追记我的祖父荆林烈士

文 / 荆　文

我的祖父荆林，山西阳高人，1945 年 8 月 24 日参加革命，同年 10 月加入中国共产党，时任阳高县五区农会主任。1947 年 1 月 16 日，在执行任务返回、途经颜家沟时遭敌人袭击，为掩护战友撤退，不幸腿部中弹被俘。在狱中，他面对敌人的酷刑和胁迫，宁死不屈。同年 1 月 20 日夜，被敌人活埋于阳高县城东门外……

## 奋起抗争

1904 年，祖父出生在一户贫苦的农民家庭，他幼年丧父，从小与母亲和哥哥相依为命，日日夜夜在水深火热中挣扎。因家境贫困，他只上了三个春冬的学就因生活所迫给有钱人当了"放牛娃"，成年累月披星星戴月亮与牛羊做伴，与荒山野草说话，从来没有享受过人间欢乐，到头来还经常挨打受骂……

二十五岁那年祖父结了婚，婚后生有两男一女，后来他的哥哥病死，嫂子改嫁，祖父又收留了无依无靠的侄子，连曾祖母一起组成了一个七口人的大家庭。俗话说"家有五口，一犋牛紧走"，每年打下的粮食除去交租，简直难以糊口。

阳高有一首地主吸农民血汗的民谣：

地主好比一棵树高又高，
农民好比树根草毛又毛。
地主吸了我们的血和汗，
树根的青草长不高。
……

说明了当时祖父及所有贫农的真实处境。

随着年龄的增长，祖父懂得了一个道理：天下乌鸦一般黑，口里口外的地主老财是一样的黑心肠，地主老财不倒，受苦受难的人就别想过上好日子。

1933年春天，景家庙村村长张虎捞了几年油水就要卸任到城里享清福了。新上任的村长景世明每天吹胡子瞪眼睛，挨家逐户催捐税款，扬言："谁若违抗，依法惩处。"

在那食不果腹、衣不遮体的苦难岁月里，穷人们哪还经得起苛捐杂税的盘剥呢？乡亲们愤愤地暗骂："这茬土匪，谁上来都要捞一把，这还有穷人的活路吗？"祖父为人厚道，善打抱不平，在村里是出了名的"智多星"，听到村里人们的议论，怒气难平，决定带领群众去找张虎算账。

通过十多天的公开算账，共查出张虎贪污白洋两千多块。在铁证面前，张虎拒不承认，于是祖父他们联名将张虎贪污的事告到了县里。

张虎的本家哥哥，省里的参议大人张公普出了面，县衙哪敢怠慢，最后以"无理取闹"的罪名，反倒把告状的荆风英等人投入了囹圄，三天后才被取保释放。

惨痛的教训使祖父一伙人悟出了一个道理：金钱、权势是罪恶之源，要想和地主算清血泪账，穷苦人必须自己掌握政权。

**找到光明**

1945年8月24日，阳高县第一次解放。

一天，一个头扎白毛巾，身穿蓝布上衣，肩挎绿挎包的陌生人来到景家庙村，说要找祖父。见到祖父后，陌生人自我介绍说他叫屈飞，是县抗联会的，想找祖父了解点情况……

祖父听说是共产党派来的干部找他了解情况，惊喜地拉着屈飞同志的手，连连说："总算把你们给盼来了！"

从此，屈飞同志在景家庙便扎下了根，祖父也从黑暗中找到了光明。

1945年10月，经过党的培养和考验，景家庙村诞生了第一批党员，他们之中就有祖父。10月10日，乡亲们一致推选祖父担任景家庙村农会主任。

农会是中共阳高县委所辖六大群众组织之一（六大组织为工会、农会、武委会、妇救会、青联会、抗联会），主要任务是联合农民兄弟，开展革命斗争，包括筹集物资支援前线，团结依靠贫雇农开展减租减息斗争，搞清算、分浮财、均田地等。

在屈飞和祖父的领导下，景家庙村的减租减息、搬旗杆、分浮财等运动搞得轰轰烈烈，热火朝天。农会带领群众首先搞了减租减息和增加工资，接着就是反奸锄霸，斗争地主。一时间，祖父领导的斗争队威震全县，成为城关周围一支无坚不摧的劲旅。哪里有扳不倒的旗杆，都要请祖父这支队伍去声援，他们的足迹遍布富贵村、龙泉寺、太师庄、十九梁等村庄，乃至三次进县城斗争过恶贯满盈的大地主任二娃等。

一次接一次的胜利使祖父的名字在城乡上下家喻户晓，人人皆知，地主恶霸、汉奸们一提起祖父的名字就吓得心惊肉跳，穷苦的老百姓说起他来无不称赞他是穷人的主心骨。

## 针锋相对

1945 年 8 月阳高全境第一次解放，当时全县被划分为六个农村区，一个城关区。1946 年 2 月，祖父调到五区任农会副主任。

1946 年 1 月 13 日午夜，冀晋纵队接到国共停战的命令。然而，就在下达停战令的同时，蒋介石却密令他的军队迅速抢占战略要地，偷偷向解放区发动进攻。6 月 26 日，蒋介石公然撕毁国共于 1 月 13 日签订的停战协定，悍然向全国解放区大举进攻。为了粉碎敌人的进攻，8 月 15 日，根据中央军委的命令，晋绥、晋察冀部队开始发动组织解放大同、集宁战役，历时一个月（9 月 16 日结束）。因战局发生变化，我军决定暂时有计划地撤离京绥沿线的主要城镇。此时，祖父已任五区农会主任。

1946 年 10 月 25 日，蒋、阎政府在阳高复辟后，在县城设城公所，下辖街、闾、邻。在农村设区公署（亦称区署）。

一次，祖父和荆体安（景家庙村人，五区民政助理员）等人正在许窑的一个放羊老汉家开碰头会，结果有一个排的顽军开进村来，祖父与荆体安等人利用地道的优势与敌周旋，将敌排长击毙。

祖父所在的五区指战员神出鬼没地打击敌人，在敌内部引起了极大恐慌。他们一边组织力量频繁“扫荡”；一边派出奸细侦察五区游击队的行踪，妄图把这支革命武装一网打尽。

十九梁村有个地主张恒，为了领取顽军的赏金，经常化装成穷人的模样，混进群众队伍刺探我方军情，导致我方几次行动遭到失败。经过调查，五区指战员终于抓住了这条狐狸，区委决定让祖父和荆体安除掉他。

一天，五区指战员侦察得知张恒在村里，于是祖父和荆体安化装成敌军官模样来到十九梁村。张恒看到四下无人，以为领赏的机会又来了，便邀祖父和荆体安到他家，密报了近日刺探到的情报……

二人听后，不动声色，连连夸奖并答应带他去领赏。走到村边一条山沟时，张恒被我祖父和荆体安处决掉了。

在景家庙村，国民党占领阳高后，原先逃走的几个地主又陆续回到了村里，与汉奸、恶霸勾结在一起，并进城请回了顽军，开始了血腥的反攻倒算。他们先将村干部景银同、荆生喜，民兵荆二恒，积极分子景茂林一起逮捕入狱，接着抄了祖父的家，抓住他的侄子荆存久在村里德元家的院里吊了一天一夜（我的父亲、姑姑闻风外出躲藏未被抓住）。本村杨皮匠冒死求情，敌排长答应可以取保释放。最后家里卖了几亩薄田，才把这个无辜的孩子保了出来。

敌人复仇的消息传到西山根据地后，同志们个个义愤填膺、摩拳擦掌，表示要坚决营救遇难的阶级兄弟。

五区区委认真分析了情况，认为目前敌强我弱，应以“攻心斗智”为上策，所以决定让祖父写一份警告信，投给景家庙敌闾长景斌，勒令他把景银同等四人保释出狱，否则血债定要血来还！

警告信写好后，正巧本村贫农杨宝山来西山走亲戚，祖父便托他设法把信交给景斌。

为配合行动，当天夜里，区委书记史保祯与我祖父等几个熟悉地形的人摸到了织锦庄区公署大院（蒋阎在阳高复辟后，在全县设的三个区公署之一，1947 年初改为乡公所），张贴了标语及警告信，然后朝天放了几枪，扔了几颗手榴弹……枪声和爆炸声吓得乡丁和大户们连裤子也没穿就往外跑，等清醒过来时，祖父他们早就撤走了。

第二天，敌人成了惊弓之鸟，立即把区公署从西园搬到离县城更近的兴隆巷去了。

再说敌闾长景斌，接到警告信后，好容易熬到了天明，赶忙召集村里大户们开会，一边说着昨夜发生的事情，一边征求大家的意见。有几个顽固分子主张把村干部及祖父一家斩尽杀绝，以儆效尤；多数人则心有余悸，想留条后路，主张联名具保，先把景银同等人放出来听听风声再说。

最后，景家庙的大户们还是通过县党部工作的景华甫，把景银同等四人保释了出来。

这次行动虽小，但给了敌人以有力的震慑。此后，为了打击敌人反攻倒算的嚣张气焰，我五区指战员于 1946 年 11 月 3 日，又对敌人张小村大乡采取了武装袭击。

敌张小村大乡乡长周某（平鲁人，曾当过敌连长），行伍出身。他为人奸诈，鱼肉乡民，刺探军情，密告衙门……是个十恶不赦的家伙，为杀一儆百，五区区委决定除掉这条恶棍。

在摸清周某的活动规律后，祖父与区委书记史保祯带领区干部和区小队队员二十余人，埋伏在张小村（离县城七里）公路两侧的果园里，将其和部下张进堂抓获。

当天晚上，经研究将周、张二人押到青顺堡和西杨官屯村之间处决了。

1946 年 12 月 19 日夜，区委书记史保祯和祖父等十四人从采凉山上的阎窑出发，要到川下重兴镇一带开展群众工作。他们穿过铁路，在南、北沙岭之间的简易公路旁俯伏下来，观察动静，准备穿过去。突然，他们发现从大同方向开过两辆汽车，于是当即决定打个伏击战。

当第一辆满载武装人员的军车驶入伏击圈时，区委书记一声令下，枪弹齐发，把敌人打得晕头转向，不敢还击，加大马力冲出了伏击地带，向东逃跑。这时，第二辆车也冲进了伏击圈，恰好被打爆了轮胎，翻倒在公路旁，我指战员将车上的八名敌人俘虏。

祖父是个细心人，他把这次伏击战的大体情况做了记载，一直留在自己身上。我五区指战员撤到西山后，对敌斗争十分英勇，频繁出击，屡建奇功，在阳高革命斗争史上写下了光辉的篇章。祖父荆林在西山斗争中虽不是主要领导，但他精明强干、足智多谋、遇事当先、勇敢作战，所以革命事迹广为流传。

1947 年 1 月 15 日这天深夜，虽然已是农历腊月二十六了，可是同志们却有家不能回，临到年终了仍不能和家人团圆。为了使春节过得富有战斗色彩，搅得敌人心神不定、惊慌失措，区委决定全队整装出发，给敌人以出其不意的打击。于是，五区四十余名干部战士从西出发，到康窑附近烧桥破路（铁路）。但因敌人封锁甚严，未能下手，当时决定返回石窑沟待命。

途中，祖父因风寒侵袭，突发肚痛（旧病），领导批准他在就近的颜家沟村休息。由于已知我五区还有一批人马（三十多人）驻扎在这里，所以祖父也安心地在沟南住了下来。

第二天下午 2 时左右，祖父刚要动身赶往石窑沟，突然听到村东枪声，立即警觉起来。原来我区小队队员许润梯和一个民兵在东庙站岗时发现一股敌人从青顺堡出发，向义合村袭来。老许毫不犹豫地让那个民兵进村报告情况，自己留下继续监视敌人，谁知那个民兵刚离开大庙，老许又发现另一股敌人出现在村东，他来不及多想，立刻鸣枪报警。敌人听到枪声就地隐蔽，盲目地向村里射击。

驻在村里的五区区长云广一班人，听到民兵的报告和村东传来的密集枪声，立

即组织人员向西山撤退。祖父在沟南看到我方人员正组织撤退，立即开枪还击敌人，想把敌人的火力吸引到自己这边来，以掩护多数同志尽快撤退。

穷凶极恶的敌人听到沟南枪声后，立即反扑过来，祖父边打边撤，终因敌众我寡，子弹打尽，腿部中弹被俘。

**斗争到底**

我的祖父荆林被捕的消息，像插上了翅膀一样立刻传遍西山，传遍了城乡上下。在保警队的牢房里，敌人将各种酷刑接踵用在了祖父的身上……

敌人对祖父百般折磨，但始终未从祖父的口中问出一个字来。

敌人见用硬办法对付不了祖父这位坚强的共产党人，第二天就把我的曾祖母（当时已六十多岁）和我的父亲荆玉祥（当时七岁）一起抓来，想用亲情感化来胁迫祖父投降。敌人说："如果投降，马上放你们祖孙三人回家，如若不然，哼！马上送你们三人同上西天！"

祖父根本不吃这一套！"大孝孝于国，小孝孝于家。"他安抚了母亲和儿子一番后，响当当地回击敌人说："老子是堂堂正正的共产党员，怕死不革命，革命不怕死，告诉你们的主子，老子进来就没打算出去！"

到了第三天（即 1947 年 1 月 20 日）夜里，刽子手们五花大绑地把祖父推出牢门，祖父知道这是最后斗争的时刻了，在过道外高呼："中国共产党万岁……"

敌人慌乱地往祖父的嘴里塞东西，却被祖父咬断了手指，疼得嗷嗷乱叫。

"中国共产党……"没等祖父把口号再喊出来，敌人已用刺刀把他的嘴撬开，将一团棉花塞了进去。鲜血顺着嘴角直淌，祖父连眼皮都没眨一下，昂首挺胸，从容不迫地被敌人簇拥着到阳高县城东门外僧坊寺庙后的乱石滩活埋，时年四十三岁。

（本文选自中华阳高人，有删节）

# "阿妈，侬回来了"

文 / 李科洲　许春媚　许环峰

"阿妈，侬回来了。"多少个夜晚，只要听到这句话，锦简婆就会"吱呀"一声打开门。

"阿妈，侬回来了。"多少个夜晚，只要轻轻说出这句话，在外奔波多时的革命者就会得到香喷喷的饭菜、甜美的睡眠。

"阿妈，侬回来了。"多少个夜晚，这句话就像"芝麻开门"一样，可以开启一扇神奇的门。在这里，受伤者会得到细心的照料，各类情报将得到传递，机密文件和枪支弹药可以放心地托付……

多少年过去了，海南文昌抱罗镇锦简村锦简婆的名声还在传扬，但声名远扬的她却没有名字，她的墓碑上只注明她是周氏。她的称呼"锦简婆"来自她所在的村庄——锦简村。

### 她的左眼被敌人打伤

离锦简村不远的路边有个纪念亭，亭里分别刻着郑章和何如伟等老干部的题词："向革命母亲锦简婆致敬""革命母亲流芳百世"。

走进亭子，抬头可见锦简婆的烤瓷照片。照片上的她左眼微闭，明显比右眼小。她的外孙女、今年八十三岁的林娟告诉记者，那是锦简婆被国民党士兵吊打时落下的毛病。

由于父母远赴南洋谋生，林娟三岁时便跟着外婆锦简婆一起生活。

林娟说，1946 年夏，叛徒带着国民党军到锦简婆家，将外婆和当时十几岁的她吊在树上拷打，要她们交出革命者的下落。一阵皮鞭抽打、枪托撞击之后，阿婆便昏迷过去。敌人并不罢休，用凉水将锦简婆泼醒，然后再施毒刑。"跟电影上演的一模一样。"林娟说，阿婆嘴唇被打裂了，左眼也被打得凸出了，全身是血。此后，锦简婆左眼一直模糊。

暴力不能让锦简婆屈服，敌人只好将她和林娟押回抱罗据点，关在炮楼里。硬的不行，便来软的，敌人甜言蜜语诱降她。这一切对锦简婆没有丝毫作用，但锦简婆担心孙女王桂英经不起引诱和恐吓，便托人带话给孙女："我们就是死，抱罗乡这条路也决不能走。"抱罗乡驻有敌军，锦简婆的意思是警告孙女不能走投敌之路。一个多月后，经地下组织设法营救，以及村中父老多次出面保释，锦简婆才被放回家。

### 她家有多个地洞

汽车在两三公里长的土路上颠簸。在林娟的带领下，记者从抱罗镇里来到锦简婆家。在屋旁的竹丛边，林娟边走动边比画着告诉记者："这里有个地洞，那边还有个地洞。"

林娟老人（左）回忆当年跟着外婆锦简婆保护革命同志时的情形

林娟退休后长住海口，平时难得回来一次，这次回来接受我们采访，显得特别激动，时不时拿出手绢拭泪。

林娟回忆，抗日战争期间，驻在抱罗、冯坡、锦山等据点的日军，经常来"扫荡"，杀害民众。在此期间，文昌（今文昌市）交通站搬到锦简婆家里，民主政府、部队的同志经常来往。人数多了，为了应对严峻的斗争环境，锦简婆便带着孙女王桂英和外孙女林娟，利用夜间，在村子旁茂密的灌木丛中先后挖了三口地洞，在自己家的柴房（即现今的竹丛）中挖了两口，同时还在自家的牛棚中砌了堵暗墙，用以掩护同志。为了搞好这些掩蔽体，锦简婆甚至连自家的房门板也拆了下来。

“正是这些地洞，救了好多同志的命。”革命年代曾经在文昌交通站工作多年、八十七岁的老干部林克仁回忆说，“像被人称为‘三哥’的黄白，好几次都是在锦简婆的掩护下脱险的。救命之恩比海深啊！”锦简婆对革命同志积极掩护，对牺牲了的革命同志，也主动去处理后事。林克仁还记得，锦简婆带着村民掩埋了十几位革命同志，过节还主动去扫墓。

说到地洞，有件事让林娟记忆深刻。她笑着告诉记者，革命队伍中有位护士长，是在地洞里生的小宝宝，而接生婆就是锦简婆。

**她有好几条暗语**

“阿妈，侬回来了！”“牛偷吃了！”“么三啊，回来吃饭了！”这些看似平常的话，其实是锦简婆与革命者之间的联络暗语。

“么三，牛偷吃了，快牵牛走。”在锦简婆家，林娟绘声绘色地模仿着她外婆的口吻说。

“么三”是林娟的小名。她自小和外婆生活在一起，对外婆的暗语了然于胸。每当外婆说到“牛偷吃”，那就是暗示她：敌人进村了，她得及时通知村里的革命者尽快转移。

如果锦简婆喊：“么三啊，回来吃饭了！”林娟和革命者就知道，敌人走了，安全了。

在危难时刻，她总是能机警地化解险情。有一次，我方工作人员刚把一台打字机带到锦简婆家，敌人就包围了整个村庄，挨家搜查。在这危急时刻，锦简婆麻利地把打字机放在簸箕里，用红薯叶遮好，然后挑起簸箕，假装下地干活，把打字机埋到地里。

1942 年的一天，县交通站的同志在她家中工作时，不小心把墨水碰倒在八仙桌上。突然，日本兵进村了。锦简婆一边安排同志们隐蔽到地洞里，一边用簸箕把墨迹遮盖住，又急忙到鸡棚掏出几把鸡屎撒在院中。敌人进门后，连忙捂住鼻子叫道：“臭死了，臭死了！”掉头便走。就这样，锦简婆依靠自己的机智，一次又一次巧妙地躲过了危险。

当革命者夜里要到锦简婆家借宿、传递情报、躲避追捕或寻求其他帮助时，就会边敲门边说：“阿妈，侬回来啦！”这时，锦简婆总是毫不犹豫地打开门。林娟还告诉记者，连外婆家的狗都通人性，对敌人很凶，对前来敲门的革命者却不吠不叫。

中华人民共和国成立后，锦简婆被选为文昌县人民代表大会代表、广东省首届人民代表大会代表，并被广东省人民政府授予“革命母亲”的称号。她 1961 年去世，享年八十八岁。临终前，她嘱托孙女王桂英：“我死后，如果同志们来吊祭，你一定要给他们做饭吃，屋里我存有稻谷。”

革命母亲锦简婆（后右）与家人合影

（本文选自《海南日报》）

# 琼崖纵队参谋长符振中

文/胡续发

符振中，海南文昌抱罗人，1927年参加我党领导的文昌县农军。1939年3月琼崖抗日独立队扩编为独立总队，他历任独立总队东路总指挥部总指挥、第二支队队长、独立纵队前进支队队长、琼崖纵队参谋长等职，和无数革命者一道穿越枪林弹雨，高高擎起鲜艳的红旗，飘扬在琼崖大地上。

符振中

中华人民共和国成立后，符振中任海南军区副参谋长。1952年调粤北军区，任参谋长兼韶关市警备司令员。1954年2月任粤北军区副司令员。1956年2月任韶关军分区司令员。1959年6月转业到广东省林业厅任副厅长。1984年12月离职休养，享受正厅级待遇。1989年2月15日因病逝世。

“他是个标准的军人！”谈起符振中，他的大女婿陈英豪对记者说，这是岳父给他留下的最深的印象。

海南解放后，符振中始终保持军人的作风，对党和国家无限忠诚，为人耿直，生活艰苦朴素。他一贯低调，不爱宣扬。他曾是琼崖纵队参谋长，可是关于他的生平事迹，见诸史料的却不多。

然而，通过亲属的讲述，我们发现，符振中的一生是革命的一生、光辉的一

生。我们就从他协助大军渡海作战开始说起……

**受命渡海寻大军**

1949年11月下旬，五指山上，琼崖纵队司令员兼政治委员冯白驹找来时任纵队参谋长的符振中，兴奋地说："解放军已经云集雷州半岛，上级指示我们琼纵派一位熟悉情况又有经验的领导干部到广州，去向兵团首长汇报海南情况，提出我们对解放海南作战的建议。我看你去最合适。"

符振中的小女儿符红妹向记者说了一件事。符振中长年在外革命，敌人抓不住他，恼羞成怒。1948年8月前后，国民党一个连的兵力包围了符振中的家，将他母亲以及妻子王秀鹏和三个孩子全部抓进监狱。王秀鹏是文昌抱罗乡地下组织负责人，在狱中，她受尽拷打折磨，然而始终没有透露党的机密和丈夫的行踪。

符振中临行前，冯白驹动情地对他说："我们都要向王秀鹏同志学习，她在狱中跟敌人斗争非常勇敢。你也要学习她的精神，注意安全，确保完成任务。"幸运的是，在全岛解放前几天，王秀鹏和家人终于脱离虎口。

符振中接受任务后，次日就日夜兼程，向海边进发，摸清敌情，做好渡海准备。他到达西区时，冯白驹又派人专程送来海南岛的作战地图及琼纵的联络密码，还给他捎来二百块光洋作为费用。

而后，符振中来到澄迈县马村附近的地下组织联络点。澄迈县委书记张光兴给他介绍了几名将协助他渡海的共产党员，其中有一位做买卖的女商人。符振中一听，赶紧插话："为何安排一名女商人？"

张光兴笑着解释："她可是一位特殊的女商人，共产党员。她利用女商人的身份，经常接近驻马村国民党营长的姨太太，搞到不少重要情报。"

果然，女商人不负众望，通过贪图蝇头小利的姨太太撺掇，敌营长终于批了一份放行条。

船可放行出海了，但敌营长发话，要哨兵上船检查才能开船。这样，符振中怎能登船呢？经过苦苦思索，一个大胆的计划开始实施……

一天晚上，地下组织的渔船停在马村附近岸边准备过海，虽有放行条，但国民党士兵还是上船进行了检查。检查完后，船工立即大喊："抓鱼摸蟹的，快来帮帮忙，船搁浅了帮推推。"听到喊声，事先布置好的党员群众都跑出来推船，符振中也在其中。夜色中，船越来越远，脱离了敌人视线。符振中当即爬上渔船，随船直奔雷州半岛而去。

## 协助大军成功登陆

凌晨时分，符振中等人的渔船终于抵达琼州海峡彼岸。“不许动！”他们还没上岸，突然听到几声断喝，就被一群士兵包围了起来。

原来，这些士兵是夜间在海边进行训练的解放军战士。他们从符振中身上搜出一把左轮手枪，又看见他是商人打扮，以为他是敌人的侦探，便将他押到团部，接着又送到一一八师师部。身负特殊使命的符振中不能立即暴露身份，直到见到一一八师师长邓岳时，才说出自己的真实身份。邓岳高兴极了，马上派车把他送到四十军军部，见到了十二兵团副司令员兼四十军军长韩先楚。

几天后，符振中前往广州，出席了1950年2月1日至2日召开的海南岛战役作战会议。符振中在会上汇报了琼崖纵队的组织、装备和迎接大军渡海作战的准备情况，以及敌人的设防情况。讲完了敌情我情，他传达了冯白驹的两条建议：一是乘敌人防线不严密，军心混乱，先偷渡一批兵力，加强琼纵的接应力量；二是如果这样行不通，就派一批干部和技术人员把枪支弹药运过海，充实琼纵力量。

万事俱备，只欠东风。在我军几批潜渡部队越过琼州海峡后，4月10日，渡海兵团下达了大规模渡海作战的命令。16日傍晚，我军八个团一齐起航渡海。四十军六个团在军长韩先楚的率领下出发，符振中随船同往，协助渡海部队成功登陆。

在雷州半岛渡海作战前线，韩先楚常常向符振中询问关于海南革命斗争的事情，以及敌我力量的部署等。一段时间的朝夕相处后，符振中所展露出来的军事才干和军人品格，令韩先楚十分欣赏。

符红妹说，韩先楚将军后来进入中央军委工作，得知父亲转业到广东省林业厅任副厅长，觉得浪费了一个军事人才，便派人找到他，提出让他去中央军委工作。但符振中考虑再三，觉得自己已经转业，而且年事已高，恐怕不能胜任中央军委的工作，便婉言谢绝了将军的好意。后来，韩先楚的儿子来海南时，向符红妹谈及此事，还说韩先楚在家多次提到符振中。

## 革命一生精神长存

符振中热爱家庭，对子女的教育很严格。符红妹说，每周六下午，父亲都要开家庭会议，给三个子女讲述革命故事，灌输幸福生活来之不易的道理，要他们发愤图强，为国家、为社会作出贡献。“他跟我们讲得很生动，却从不在外宣扬自己。他常说，很多人没有看到解放那一天就牺牲了，他们才是真的英雄，应该大力宣扬他们。”

符红妹记得，父亲曾在她面前多次念叨一件事，并为之神伤。抗日战争时期，有一次，符振中和他的一名警卫员被日军盯上。敌人穷追不舍，这时，符振中的脚扭伤了，行动不便。眼看敌人就要追上来，警卫员催他先走，自己留下来阻击敌人。符振中不同意，警卫员一把推开他，大叫："部队需要你指挥，快走啊！"

临走前，警卫员掏出随身携带的一把小刀，留给符振中做纪念。这把小刀是警卫员从战场上缴获的，十分精美、锋利。最终，符振中成功撤退，他的警卫员壮烈牺牲。

后来，符振中将小刀转赠给女儿符红妹，沉痛地说："这是先烈用鲜血换来的，你要珍藏好它，继承他们的遗志。"

符振中与家人合影

符振中的故居位于抱罗镇抱民村，由其表弟符福金看管。符福金说，老一辈的人都知道符振中，家乡一直流传着他参加革命的传奇故事。当年他只要一回到家乡，就给村民讲革命道理，发动村民参军，赶走日军，打国民党，很受家乡人的拥戴。

来自群众中的革命者不会忘记群众，为群众无私奉献的革命者也不会被群众忘记。符振中为人民革命的一生，必将长留在人民心中。

（本文选自《海南日报》）

# 我的伯父冯平

文 / 冯子平

冯 平

冯平（1899年—1928年），出生于海南文昌，曾就读于上海文华大学。1923年，他被选送到苏联莫斯科东方劳动者共产主义大学学习。1924年10月加入中国共产党。

1925年8月回国，任中央农运特派员，在广东省农民协会工作；同年10月，参加国民革命军南征。1926年6月，当选中共琼崖地方委员会委员兼军事部长。1927年7月，中共琼崖特委将各县革命武装统一改编为“琼崖讨逆革命军”，任总司令；11月上旬，琼崖讨逆革命军改编为工农革命军，任总司令。1928年3月，广东国民党反动当局派部队“围剿”琼崖苏区和工农革命军。由于叛徒出卖，1928年5月9日，冯平弹尽负伤被捕。1928年7月4日，冯平在澄迈县金江镇英勇就义，时年二十九岁。

## 早年留学苏联

伯父是海南文昌东路镇美德村人，原名冯夙藩，表字茂南，参加革命后改名冯平。

1915年秋，伯父考上省立琼崖中学。据他当年的同学林肖镑说，他聪敏过人，英语、国文、算术三门功课优等，是学校的高才生，还是学生运动的带头人。

1920年，伯父考上上海文华大学，一年后转学广州，考进“国立”广东高等师范学校英语部。在此期间，伯父如饥似渴地阅读马克思、恩格斯、列宁的著作。列宁领导俄国革命成功的经验使他看清了，中国革命要走俄国人的路，只有中国共产党才能救中国。他拥护中国共产党的纲领和主张，积极参加学生运动，投入反帝反封建的斗争。1923年，中共中央选送伯父去苏联留学。

伯父在莫斯科东方劳动者共产主义大学学习时，和聂荣臻、杨善集是同学。1924年10月，他被中共旅莫斯科支部吸收参加中国共产党。1925年初，伯父和聂荣臻被调到红军学校中国班学习。

由于国内革命形势迅速发展，急需大批革命干部，1925年8月上旬，聂荣臻、伯父、杨善集等二十多人，奉命回国工作。伯父回到广州后，开始任中央农民运动特派员，在广东省农民协会工作。

## 发展农民协会

1925年冬，奉命南征的国民革命第四军第十二师渡海作战，讨伐陈炯明、邓本殷等反动军阀势力。1926年1月，中共广东区委派伯父回琼崖开展革命工作。他以中央农运特派员的身份，和十二师党代表兼政治部主任王文明，以及随国民革命军来琼的一批共产党员一起，在岛上公开进行革命宣传和组织工作。1926年2月，广东省农民协会成立省农会琼崖办事处，伯父任办事处主任。半年时间里，海南各市、县的八十三个乡建立起了农民协会，会员人数达八千八百余人。全琼农民运动迅速高涨起来。

中共琼崖第一次代表大会复建后的会议旧址

1926年6月，琼崖第一次党代会在海口竹林村举行。会议产生了中共琼崖地方委员会，伯父当选委员兼军事部部长。同年8月，琼崖农民协会成立，伯父任农会主席，兼农民自卫军总司令。此后，琼崖农民运动风起云涌，至年底，除感恩县外，全琼各县、区、乡普遍建立了农会，会员发展到二十余万人，能直接领导的群众达一百余万人。

1927年春，中共琼崖地委在海口创办高级农民军事政治训练所，伯父任所长。这是一所培养农运干部和军事干部的学校。第一期学员有三十二人，是从乐会、万宁、琼东、琼山、澄迈、临高等县农讲所毕业生中选送来的。据当年农训所学员、学生党支部书记王文源介绍：伯父身材魁梧，穿灰色中山装，留短头发，像个威武的军人。他有学问，讲课时满怀激情，通俗易懂，很有感染力和鼓动性。农训所开课两个多月，国共摩擦加剧，形势日趋恶化。伯父对学员们说："做革命的人，要保持清醒的头脑。形势也可能变化，晴天也会下雨。不管遇到什么变化，都要跟党闹革命，不当逃兵。"

**奋勇鏖战琼西**

1927年4月22日，国民党新军阀在海南发动政变，屠杀共产党人和革命群众。党组织发动和组织群众，领导"农军"开展武装斗争。7月，中共琼崖特委将各县革命武装统一改编为"琼崖讨逆革命军"，并成立司令部，伯父任总司令。琼崖讨逆革命军的成立，标志着中共琼崖组织直接领导的革命武装的诞生。

为了执行中共中央关于举行秋收起义的决定，1927年9月上旬，琼崖特委在乐会县第四区召开军事会议，决定举行全琼武装总暴动。伯父被派往西路，统一组织指挥澄迈、临高、儋县（今儋州市）等地的暴动。10月上旬，他指挥儋县、临高讨逆革命军和农军统一行动。11日，两县七百余名的武装队伍向儋县县城新州镇挺进，沿途农民纷纷加入。12日拂晓，他们攻陷新州，歼敌约九十人，宣布成立儋县临时革命政府，并从监狱救出被关押的共产党员和群众一百余人。由于国民党军反扑，临时革命政府成立十五天后撤向农村。

11月上旬，特委在乐会县第四区召开第一次扩大会议，贯彻八七会议精神，决定继续举行暴动，并决定将琼崖讨逆革命军改编为工农革命军，任命伯父为总司令，兼任西路总指挥。1928年2月，琼崖工农革命军改称琼崖工农红军，仍由伯父任总司令，符节为政治部主任。这时，全琼东、中、西三路红军队伍达到一千四百人，赤卫队万余人。

在艰难困苦的战斗岁月里，伯父和红军战士同甘共苦。他和战士一样日夜行

军，吃一样的饭菜，还把战马让给伤病员骑。在红军向西路行军的路上，他看到两名战士扛一支笨重的“长瞄枪”（自制土枪）走路很辛苦，便上前接过枪，扛着走了二十多公里，毫无倦色。

**生死置之度外**

1928 年 3 月，广东国民党当局急调第十一军第十师入琼，兵分三路对琼崖苏区和红军进行第一次大规模“围剿”，其中的一路向澄迈扑来。5 月 9 日，叛徒暗中串通白军。国民党军一副团长陈国勋带两个营五六百人、民团一千多人，向红军进攻。西路红军奋起抗击，勇敢杀敌。在激战中，伯父弹尽负伤被捕。

伯父被捕第二天，澄迈县金江到处张贴布告：“‘共匪’头目冯平被擒。”这一天，正是金江圩日（指赶集的日子），成千上万的人从十里八乡赶来，看到这个布告，大家心情沉重，痛心掉泪。

上午 11 时多，消息传来，人们涌向河边，只见对岸四个国民党兵抬着一个被绑在交椅上的青年上船，船越来越近，有人喊：“冯平来了！”受伤的伯父此刻面无惧色，他对岸边的数千群众说：“父老乡亲们，感谢大家来看我冯平。革命不怕死，怕死不革命。杀了一个冯平，还有千万个冯平！革命是杀不绝的，共产主义一定会实现！”他将生死置之度外的英勇气概，立即感染了在场的百姓。在国民党军刀枪的前后“护送”下，伤痕累累的伯父被送入“绅士局”的大院，由一个连的敌军日夜看守。

澄迈县国民党县长王光炜是伯父中学时期的同学。他受上峰指令前来劝说伯父归顺国民党。伯父揭露敌人诱降的阴谋，宣传共产党主张，把王光炜驳得抬不起头来。他说：“王光炜，你还记得文天祥的名言‘人生自古谁无死，留取丹心照汗青’吗？”王光炜点点头，含羞而去。

敌师长不死心，反复劝说伯父：“你如改变信仰，可以到省里当官。”“你是苏联留学生，有学问，又年轻，回头是岸。”伯父回答：“我为革命生，也为革命死，你何必白费心机！”

虽然敌人多次审问，但他宁死不屈，昂首以对。问多了，他只重复一句：“我个人之生死，早已置之度外。请便吧！”

1928 年 7 月 4 日上午 11 时，伯父和他的亲密战友符节，被国民党军警押送到刑场。这两名战友高唱《国际歌》，高呼口号向沿途群众告别。英勇牺牲时，伯父年仅二十九岁。

（本文选自新华网，有删节）

# 父亲与刘谦初的交往

口述 / 姜永恒　整理 / 温法尧

父亲姜芷庭虽然过世五十多年了，但我仍遵照他的嘱咐，每到清明就去给他的同学刘谦初烈士扫墓。

刘谦初生于 1897 年 12 月 2 日（曾用名刘德元，字乾初，化名黄伯襄），山东平度田庄镇刘家庄村人。1929 年任中共山东省委书记，是毛岸英的妻子刘思齐的生父。1931 年被国民党山东省主席韩复榘下令杀害，时年三十四岁。

刘谦初

父亲经常向我讲述刘谦初的故事。刘谦初十六岁时，与父亲一同考入平度城内教会设立的知务中学，校长为美籍牧师谢万喜。不久，刘谦初担任学校青年会干事。他与父亲以及罗竹风、乔天华、吕尹波等同学，志同道合，常在一起商讨反袁抗日救国大事。

1915 年 12 月 12 日，窃国大盗袁世凯在日本帝国主义支持下复辟帝制。刘谦初闻讯后义愤填膺，他步岳飞《满江红》韵，写了一首词：

心潮起伏，莽原上，玉龙翻飞。举目望，放喉高歌，情怀激越。千年帝制已归去，四亿神州向共和。须警觉，有人开倒车，蹈覆辙。

袁世凯，复帝制，新青年，举干戈。跨骏马直捣袁氏巢穴。壮士饥餐国贼肉，笑谈渴饮袁凶血，待到国制重光日，奏凯歌。

此词在同学们中广为流传，起到鼓动并统一思想的作用。

当时，刘谦初秘密组织了十三位同学步行到青岛，加入了孙中山委派居正所建的讨袁中华革命军，被编入东北第三支队炮兵团，随部队攻陷潍县和高密城。因作战勇敢并立了功，除一名同学捐躯外，其他十二名同学都荣获“义勇军奖章”一枚。他们回校后，却被学校当局视为“敌党”，以违章乱纪为由将他们开除。他带领同学与学校当局讲理斗争，把校董事长吓跑。

离校后，刘谦初与我父亲等考入平度师范学校。1918 年春，他又考入齐鲁大学预科班，暑假后又考入文科。

五四运动爆发时，他投身于反帝反封建的革命洪流，组织同学上街游行。大家举着“还我青岛”的标语，喊着“反对出卖国土的二十一条”“严惩卖国贼”的口号，以唤起民众。

1921 年春，他以优异成绩毕业，与我父亲一同到黄县崇实中学任教。不久，父亲调到招远教会中学任教。一次偶然的机会，刘谦初参加了基督教上海圣教书报公会以“我的二十世纪宗教观”为题的征文活动。他的文章结合国情，观点新颖，高瞻远瞩，最后被评为第一名。燕京大学校长司徒雷登（后任美国驻华大使）见其文章大加赞赏，破格免试录取为燕大学生。

在燕大，刘谦初成为学生领袖。1925 年 9 月，刘谦初从燕大毕业，曾在镇江润州中学、广州岭南大学附中任教，1927 年初加入了中国共产党。1928 年，山东省委领导王复元、王用章兄弟的叛变，导致省委书记邓恩铭（中共一大代表）等大批同志被捕，党组织遭到严重破坏。在此危难时刻，党中央急派刘谦初到山东工作。1929 年 2 月 3 日，刘谦初化名黄伯襄与中央派来的刘晓浦及原山东省委的王进仁组成新的省委，刘任省委书记，并以齐鲁大学教员的身份作掩护，为革命四处奔波。

1929 年 8 月 7 日，刘谦初化装成农民模样乘火车到青岛，准备乘船赴上海。当火车停在明水站时，化装成农民的刘谦初被一叛徒认出，遭到逮捕。1931 年 4 月 5 日，刘谦初与邓恩铭等二十二名共产党员，被国民党山东省主席韩复榘下令杀害。

（本文选自《老年生活报》）

# 我的红军妈妈蒲文清

口述 / 何　丽　整理 / 田文姝　刘　畅

蒲文清（后排左）和丈夫何炳文（后排右）及三个孩子在延安

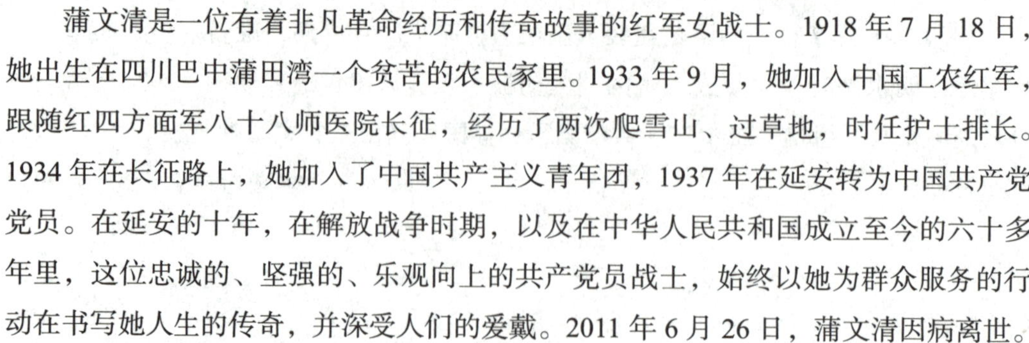

蒲文清是一位有着非凡革命经历和传奇故事的红军女战士。1918 年 7 月 18 日，她出生在四川巴中蒲田湾一个贫苦的农民家里。1933 年 9 月，她加入中国工农红军，跟随红四方面军八十八师医院长征，经历了两次爬雪山、过草地，时任护士排长。1934 年在长征路上，她加入了中国共产主义青年团，1937 年在延安转为中国共产党党员。在延安的十年，在解放战争时期，以及在中华人民共和国成立至今的六十多年里，这位忠诚的、坚强的、乐观向上的共产党员战士，始终以她为群众服务的行动在书写她人生的传奇，并深受人们的爱戴。2011 年 6 月 26 日，蒲文清因病离世。

何丽是蒲文清的长女。她出生在红色根据地延安，自小跟随在母亲身边行军，度过了一段艰苦而难忘的童年岁月。母亲的一言一行，都对她产生了深刻的影响。

时光荏苒，当年那个小小的“延安娃”，如今也已是三代同堂的七十余岁老人了。在一个夏雨霏霏的早晨，光明网记者来到了位于北京北五环外的何丽一家住处，听她讲述了红军妈妈蒲文清的感人故事……

**两次爬雪山、过草地，艰难长征路上的护士排长**

我的妈妈名叫蒲文清，四川巴中人。她的父母去世得早，小时候被放在大娘家里养活，备受虐待。后来出来逃荒，要过饭，还给地主家当过童养媳，最后又被卖到另一个地主家，日子过得十分艰苦。她侥幸从地主家跑出来，就这样参加了红军。当时参加红军的一大批人，基本都是这样的情况：从地主家里逃出来，或者是佃农，没有办法生活了，逃到外面参加红军，才能有一口饭吃。

所以，参加红军的这辈人当中，你要问他们的理想是什么，他们没有办法回答。要问我妈妈的理想是什么？她不知道，说不出来。那时大家都不敢想翻身的事儿，什么“打倒土豪劣绅”“分浮财”，根本都不敢想。当时许多红军战士就这么一个想法：共产党救我了，我得跟着他们闹革命，解救更多的穷苦老百姓。

我的妈妈于 1933 年 9 月加入中国工农红军，随红四方面军八十八师医院长征，经历了两次爬雪山、过草地，时任护士排长。她当时就在想，我们什么时候才能够走出去啊？信仰是什么？就是走出草地，翻过雪山，保住这些伤病员的性命，保住这支队伍，就是胜利！什么是胜利？在当时我妈妈的眼中，长征过程中，生存下来就是胜利！

妈妈认为，长征就是一种信仰，长征就是一种精神，要坚持不懈地去追求它。当时吃也没得吃，穿也没得穿，怎么追求？靠的就是这种信仰，才能走过最艰苦的雪山和草地。

要说长征过程中最艰苦的时候，那就太多了。过草地时有多少战士眼看着就陷到泥潭里去了。我妈妈在医院做护士，爬雪山的前一夜还有很多战士，第二天一早就都死了，白花花的一片，有时一晚上死几百人。当时她的眼睛得了病，肿得像桃子一样，后来爬雪山时又被雪光刺到，眼睛落下了终身的疾病。但是老太太一辈子都没有向疾病妥协过。

当时当护士排长没有很复杂的程序，领导说让你当你就当了。我妈妈随着红四方面军参加长征，因为身患眼疾，眼睛肿得已经看不到东西了，组织多次谈话让她留下。她当时想，跟着队伍走，还能为部队做点什么。过雪山时，她主动为一位受伤的营长抬起了担架。这在当时不是组织安排的，但她作为一名护士排长，感到自己的责任就是照顾好这些战士和伤病员们。虽然能力有限，但要尽自己最大的努力，能照顾两个就绝不只照顾一个。当时没吃没喝，大家又都是十多岁的孩子，非常瘦小，还要扛枪、扛粮袋，因此抬一个伤员需要六名战士。后来没有粮食了，米袋子翻开，抖出来青稞给伤员吃。在这种情况下，我妈妈挎枪、抬伤员，把责任都扛到自己肩上。过草地的时候，战士们都没有力气，只能把担架放到地上，拉着走，这样就可以不陷进沼泽里。小孩儿们太瘦小了，都拉不动，当时的担架又非常简陋，没有绳索之类的东西可以捆，又舍不得把被单撕掉搓成绳子，到底怎么走的，后人无法想象。

当时度过这些艰险，靠的就是信念，为了去解救更多的人。我妈妈是从四川巴中的农村出来的，对全国到底有多少穷苦人没有什么概念，心中的信仰就是跟着党走，才能解救更多的穷苦老百姓。

**唱军歌、钓小鱼，革命乐观主义精神鼓舞斗志**

红军时期的歌曲特别淳朴，《当兵就要当红军》《打草鞋》《过草地》等的歌词特别形象，给她们一种力量和信念。像《打骑兵歌》，这是一首教授红军战士打敌骑兵战术动作的歌，在长征队伍中很有影响。我妈妈在几十年里一直唱这首歌，一唱这首歌，脑海里就浮现出长征时的画面，就回想起当时的阵势。长征时，一个人要背五六支枪，一支枪有十多斤重，还要背着干粮袋，抬着伤员。什么能鼓舞她们坚持走下来？那就是这种信念。

红军长征

长征路上没有高谈阔论，都是实实在在的，走出去就是胜利。长征是一种精神，是什么精神？它涵盖了很多东西，是一种由无私、坚毅、奋斗、拼搏、团结、追求理想、不胜不休汇集起来的精神。所以说，长征精神不能用简单的一两句话去

概括，它反映的是你的行动，做好你该做的事儿，让人民满意就行了！这也就是我们的军魂！

老红军们回忆起过去，从来不讲长征时刻骨铭心的艰苦。他们对身边的人，对后代讲的永远都是希望，是充满革命乐观主义和浪漫主义情怀的事情。

我妈妈跟我们讲的也都是欢乐、有趣味的事。比如在草地钓小鱼，把领扣拆下来，窝个小钩钩，在草地的烂泥坑儿里钓上来特别小的小鱼，大概一指来长，然后用随身背的大盆熬成鱼汤。虽然一点鱼味都没有，但是大家高兴得不得了。即便如此，她们这些护士也只把鱼汤给伤病员喝，自己从来舍不得喝。这种精神是给她力量的，让她乐观向上的，所以她愿意回忆这种事情。

**雪山泪别战友，妈妈用一捧捧白雪将烈士掩埋**

妈妈直到去世，都没有细说过自己的病。她眼睛落下的黄斑病，一辈子都没有医治好，但在当时的长征路上，没有人会来安慰她。不是红军战士们缺乏同情和友爱，而是因为在极端的生存环境下，每一个人的情况都差不多，都很困难，只不过表现出来的伤痛形式不一样而已。

我妈妈从来不讲自己的艰苦，但经常说起长征中其他战友们艰苦度过的事情。比如她们六个小战士抬的那位宋益民营长，在一次战斗中因大腿受到敌人机枪的扫射，皮肉撕碎，露出了长长的白骨，经常半昏迷着。爬雪山的时候，他全身的伤口都溃烂了，伤口渗出的血已经冻成了冰，人都快要离开了。在这种情况下，他都舍不得喝一口汤汤水水。最后，宋营长牺牲在皑皑雪山上。我妈妈和几位战士用冻僵的双手，用一捧捧白雪把他掩埋。没有其他的东西，就拣来几根干树枝插在雪堆上。妈妈把一件衣服留在了那里，衣服上有一个红领章，轻轻盖在了烈士的身上……

除了回忆战友，妈妈从来没有向我们讲过长征如何艰苦之类的话。这种精神也影响到了我们后辈，有苦、有累、有痛从来不去对别人讲。她们这辈人对后代的影响，真是特别深刻。

我妈妈一辈子，最突出的就是爱党、爱祖国、爱人民。从她参加红军到离世，都是这种精神在支撑她。她一生都在自觉自愿地坚守着党的宗旨，在履行一个共产党员全心全意为人民服务的责任。

（本文选自光明网，有删节）

# 父亲在抗战中的几件事

口述 / 周振国　整理 / 汤礼春

我的父亲周伟是黄埔军校五期生。1937 年全面抗战爆发后，父亲积极投身抗战，曾率部在河南一带与日军作战。

我听父亲讲得最多的是“归德（商丘）战役”。他讲那次战斗打得十分惨烈。日军将大气球放到空中，用来测定我方的目标，因此日军的炮火对我方的杀伤很大。我军将士损失较大，许多受伤的士兵在那里呻吟，可我们不能救治，因为战斗正打得激烈。一个新兵见脚下的伤兵一个劲地喊渴，就拿起军用水壶去喂他喝水。父亲瞥见了，一把将军用水壶打落在地，告诉他：“像他那样被打中肚子的，只要一喝生水，就没命了。”

父亲曾讲过多次在抗战时期出生入死的经历。有一次，父亲正骑在马背上指挥战斗，马突然趴下了，他跌倒在地。等他打个滚爬起来一看，原来是一颗炮弹穿过马肚子，就落在附近，所幸那颗炮弹没有爆炸。还有一次，父亲正在一个山崖上指挥战斗，突然敌人的机枪向他扫射过来，他一避让，仰身跌下几十米的深沟。也巧，正好落到一个不知谁丢下的背包上，又捡了条命。

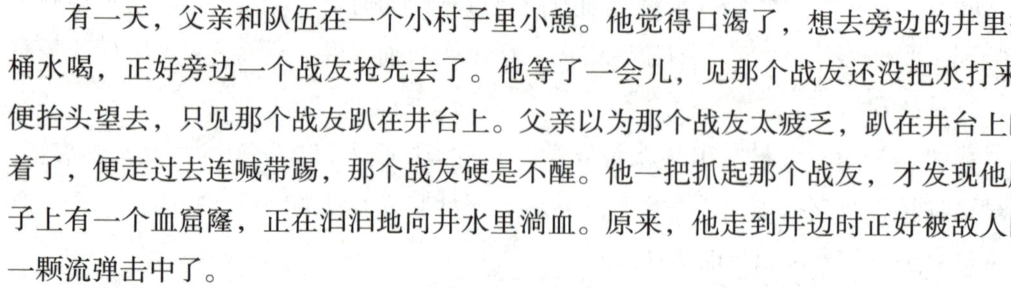

有一天，父亲和队伍在一个小村子里小憩。他觉得口渴了，想去旁边的井里打桶水喝，正好旁边一个战友抢先去了。他等了一会儿，见那个战友还没把水打来，便抬头望去，只见那个战友趴在井台上。父亲以为那个战友太疲乏，趴在井台上睡着了，便走过去连喊带踢，那个战友硬是不醒。他一把抓起那个战友，才发现他肚子上有一个血窟窿，正在汩汩地向井水里淌血。原来，他走到井边时正好被敌人的一颗流弹击中了。

我父亲讲得最惊心动魄的一次战斗是马木集战斗（发生在今河南省境内）。那一次，他和师长正带着部队赶往前线，突然从路边的高粱地里钻出日军的数辆装甲

车，向正在行进中的我军队伍猛烈扫射。我军队伍顿时一片大乱，成群的将士像割麦子般顷刻间倒下一大片，就连站在父亲身边的师长也当场阵亡了。父亲清醒过来，看清敌人的装甲车总共有十二辆，便赶紧组织打散了的队伍向日军反攻。他组织敢死队，分别爬上敌人的装甲车，用手榴弹炸日军的装甲车。经过激烈的战斗，日军的装甲车全部被炸毁了。

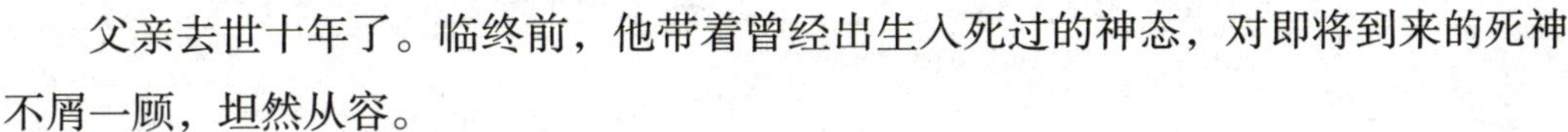

父亲去世十年了。临终前，他带着曾经出生入死过的神态，对即将到来的死神不屑一顾，坦然从容。

（本文选自《三门峡日报》）

# 抗日英雄李连荣

口述 / 李明章　整理 / 夏民安

李连荣曾被屯留抗日政府委任为川底坪村财粮主任，他与村武委会主任李振芳亲密合作，首先整顿村风。当时村里许多年轻力壮的男人吸食鸦片，有的人为了筹集购买鸦片的钱，卖粮、卖地、卖牲口、卖房子，几乎到了倾家荡产的地步。在民兵组织中，也有半数以上的人吸食鸦片。有一次，在往抗日前线运输粮食和军鞋时，竟然有一个民兵烟瘾发作，别说装车扛布袋，连路都不能走。李连荣积极采取多项措施，先是与吸食鸦片的民兵家属联手，从经济上掐断其购买鸦片的财源；再是建立家属举报制度，一旦发现村里有人贩卖、购买、吸食、转移鸦片，立即向武委会主任、财粮主任举报。一年后，全村几十个吸食鸦片的人几乎都戒掉了烟瘾。

为了储备物资，李连荣带领民兵在村外沟壑内挖掘物资储备土窑十余个，为抗日政府储备了大量粮食等物资，为支援抗日前线的部队供给作出了贡献。他动员全体群众在自己家挖地道、地窖，储备应缴的公粮和自家用的粮草、物资，保证了政府、军队和群众正常的生活、生产需要。李连荣经常组织群众为抗日前线的八路军运输粮食、布匹、军服、军鞋等。据八十多岁的老人徐新华回忆，李连荣身材高大、力气大、特别能吃苦、乐于助人、人缘好。运输车队在

物资储备土窑旧址

雨雪天气遇到陡坡，他一下子就把车子推上去了。每次运粮，他都要挨个把乡亲们的粮车送上坡。

李连荣还带领民兵在本村李雄连的院内制造“石头地雷”，远近闻名。一旦线人有信，得知日军要来村里捣乱，他便迅速带领民兵在村外路口埋上石雷，多次炸毁日军的车，吓得日军胆战心惊。村西山上有一个叫西岭的自然村，李连荣带领民兵几次拆掉山下通往该村的桥，并在上山的路、最窄的“驴脊背”处挖出了一个三米宽、两米深的口子，挡住了日本兵上山的路。自始至终，日本兵都没有到过这个村，因此，这个村成为抗日政府和八路军储备粮食和其他战备物资的“保险箱”。当年他们挖的这个口子，至今依稀可见。屯留解放后，当地群众为了通行，多次填埋这个口子，但是，因为原来的坚硬土质被破坏，逢雨则损坏。

1944 年 5 月的一天，川底坪村突然来了几个日本兵，端着枪在全村搜查民兵。二十九岁的李连荣等五名民兵，在为屯留抗日政府、八路军筹粮时被日本兵逮住。日本兵把他们关在村东祠堂里面，开始用刑。他们用水管从民兵的嘴里往肚子里灌水。灌满水后，日本兵穿着皮鞋轮流踩踏民兵的肚子，肚子里面的水从五名民兵的嘴、鼻孔、眼角、肛门射出，疼得他们阵阵尖叫。但是，没有一个人说出八路军队伍、抗日政府以及本村民兵组织的秘密。李连荣趁敌人不注意，蹭开捆绑双手的绳子，一溜烟儿跑出村口，被日本兵事先安排的哨兵开枪击中大腿，顿时血流如注。他强忍着疼痛，一瘸一拐地被日本兵押回祠堂，腿上的鲜血边走边往外流。他非常镇定地叮嘱妻子姚闺女：“好好抚养咱们的三个宝贝孩子。”气急败坏的几个日本兵决定把李连荣等五名民兵押往余吾红部（日本兵据点）。几个日本兵边走边用粗木棍殴打李连荣，把他打得遍体鳞伤，皮开肉绽。到达余吾红部后，五名民兵被日本兵关在红部的一个旧房子里，等待次日再审。一个漆黑漫长的夜晚，因棍子打的外伤、灌水踩踏肚子的内伤和枪伤的共同作用，李连荣疼得死去活来，他一会儿从地下爬到炕上，一会儿又从炕上滚到地下。同时，五名民兵积极想办法逃离敌人的魔掌，几个人用手指轮流抠略显松动的地基墙砖，伺机逃跑。黎明前，李连荣身上的血已经流干，英勇就义。

李连荣被日军杀害后，李家的顶梁柱没有了，全家人的精神、物质生活跌入谷底。妻子姚闺女带着三个幼子艰难地生活着，过着缺衣少食的日子。七周岁的长子李彦章，三周岁的三子李洪章，在他牺牲后的一年内先后病死。他多病的岳母、丈舅舅两位老人，由于过度悲痛，也于这年相继去世。面对五位亲人的离去，妻子姚闺女的精神几乎崩溃。但她依然坚强地站了起来，每天挺着大肚子起早贪黑、夜以继日地劳动，悉心照料公公、婆婆和幸存的五周岁次子李明章。

李连荣之子李明章

1953年，十五岁的李明章在屯留附高毕业后，回村务农，先担任村集体食堂的事务长，后担任小队保管。由于其文化程度高、脑筋灵活、账目清、为官廉洁、处事公平，颇受本村乡亲们的称赞。

（本文选自《上党晚报》，有删节）

# 特等战斗英雄邓仕均的侠骨柔情

文 / 何广华　何明圆

2014 年 3 月 28 日，首尔时间 7 时 30 分，中韩两国政府在韩国仁川机场举行了志愿军遗骸交接仪式，双方签署了交接书，确认交接四百三十七具志愿军遗骸以及相关遗物。接着，遗骸由中方礼兵护送上了回国的专机。

上午 11 时，专机飞抵沈阳机场。此时沈阳烈士陵园大门一侧的警戒线边上，十余位年过花甲的老人拉着"中国志愿军烈士后代迎接亲人回家"的横幅，手拿鲜花，臂缠黑纱，还有人披麻戴孝，焦急地等待着灵柩的到来。因为在归来的灵柩里，装着一段沉甸甸的历史，也关系着他们家庭的命运。

下午 1 时，迎灵车队的最后一辆车开进沈阳烈士陵园，这些当年年轻的中国军人终于在六十年后回到他们出征的土地上。

邓仕均之子邓其平迎父亲遗骸"回家"

"爸爸，你在哪儿呀？我如果找不到你，还有儿子、孙子……"望着驶来的迎灵车队，六十多岁的邓其平、邓菊平兄妹失声痛哭，邓其平之妻宋志秀也忍不住流下了热泪。因为，在这批志愿军遗骸中还不知是否有他们的父亲邓仕均，而邓其平兄妹及其家人已经寻找和等待了半个多世纪……

邓仕均

邓仕均曾是一位浑身罩着光环的军人。他是四川省广元市苍溪人，1932年5月参加红四方面军，1935年2月入党，历任班长、排长、连长、团长等职。曾参加过腊子口、山城堡、平型关、保北等一百余次战斗，十二次负伤，九次立功，先后获“战斗英雄”“生产模范”“工作模范”“特等战斗英雄”等荣誉称号。1952年5月20日，邓仕均在朝鲜不幸牺牲，是志愿军在抗美援朝战争中阵亡的二十名团长之一，其遗体未能被带回，被埋葬在韩国洪川江畔。战后，十九兵团为邓仕均召开了追悼大会，兵团司令员杨得志亲自致了悼词。

邓仕均不仅是一名好军人，也是一个好儿子、好丈夫。他不但有铁血男儿的忠肝义胆，也有着鲜为人知的侠骨柔肠……

**军民情：戎妈妈勇救子弟兵**

邓仕均所在部队“老五团”是一支具有光荣历史的英雄部队，曾参加过平型关战役、百团大战等。抗战时期，当地老百姓曾有歌谣：“北有老三团，南有老五团。杀敌显威力，鬼子胆心寒。”

1938年，日军以三万余人的兵力，分九路围攻晋东南抗日根据地，分区学兵营受敌人压迫后退，邓仕均所在的连队奉命驰援，与据守在南坡村的敌人形成对峙，上级命令当晚一定要拿下南坡村。然而，南坡村高地附近地势险要，日军封锁了道路，难以接近。连长主张连夜迂回二十五公里发动进攻，任排长的邓仕均则主张攀缘悬崖陡壁发起突袭，并自告奋勇带领全排在前面开路。连长经过一番考虑，采纳了他的意见。当晚，据守山头的敌人倚仗险要地形，放松了警戒。邓仕均率部成功攀上悬崖，随着一阵猛烈的手榴弹爆炸声和枪声，敌人一个小队全部被歼。第二天拂晓，八路军主力部队顺利发起进攻，消灭了三百多名日军。

1943年秋，邓仕均负伤住在花木后方医院。一次敌人“扫荡”时，正在发着疟

疾的邓仕均掉了队。日军发现了他的踪迹，妄图活捉他，开始满山遍野地搜查。这时，正带领乡亲们转移的妇救会长戎冠秀发现了他：“啊！是自己人。快！跟我来吧！”戎冠秀搀扶着邓仕均向半山腰的一个山洞爬去。可是洞口距地面有七八尺高，身染重病浑身无力的邓仕均怎么也爬不上去。关键时刻，戎冠秀蹲下身子，让邓仕均踩在自己的肩上，顺势把他顶进了山洞。

在戎冠秀的精心照料下，邓仕均终于恢复了健康。重返前线时，他对着戎冠秀“扑通”跪下，连声喊着：“娘，娘！”戎冠秀则含着眼泪说：“咱八路军不兴这个，你负了伤，我伺候你是应该的。”

1944 年 2 月 10 日，晋察冀边区第一届群英会在河北省阜平县北崖村召开，戎冠秀由于积极拥军获“北岳区拥军模范”称号，邓仕均也因作战勇敢获“晋察冀边区子弟兵战斗英雄”称号。

大会最后一天，戎冠秀走上讲台，讲述自己抢救八路军伤员的故事。见到了自己日思夜想的救命恩人，邓仕均快步走到戎冠秀面前，紧紧抓住她的手说：“大娘，您还记得我吗？我就是您救的那个八路军啊！”戎冠秀笑呵呵地说：“你们都是我的亲人，不过你是谁，我还真是不记得了！”“大娘，我叫邓仕均，没有您的救护，我一定活不到今天！谢谢您……”

当时，晋察冀军区专职摄影记者叶曼之让他们站在一起，用照片记录下了这个感人的瞬间。聂荣臻看到这张照片后，欣然为其作了“光辉永存”的题词。这张著名的《晋察冀三英雄》，即邓仕均、戎冠秀、李勇的合影照，发表在《晋察冀画报》1944 年第 5 期封面上，成为叶曼之的传世名作。

邓仕均与“子弟兵母亲”戎冠秀、“爆破英雄”李勇的合影

会后，邓仕均亲自把戎冠秀扶上骡子，送了一程又一程。返回部队后，他还给戎冠秀写了一封信："您是子弟兵伟大的母亲，我愿将我的枪端得平平的，瞄得准准的，去射击万恶的敌人，保卫您，保卫我们的晋察冀。"

**父子情：老父亲千里找儿子**

1950 年 3 月，邓仕均所在的六十三军一八七师五五九团进驻陕西旬邑县马栏镇，主要任务是开荒种地，这期间，由于没有战事，部队暂时安定下来。

自 1932 年参加红军离开家乡后，邓仕均从未忘记自己的父母和兄妹。1950 年 4 月，邓仕均试着给千里之外的父亲邓元高写了封信，由于当时全国刚刚解放，邮路还不十分畅通，这封信辗转数月才到达苍溪。

突然收到邓仕均的来信，全家人欣喜若狂。十八年来，亲人们一直不知他的下落，以为他早就牺牲了。谁知他不但活着，而且还当了团长。邓家顿时热闹起来，乡亲们纷纷前来串门道喜，邓元高夫妇更是激动万分，一连几个晚上睡不着觉。邓元高决定，立即启程前往陕西看望儿子。

俗话说："蜀道难，难于上青天。"那时的四川还没有铁路，虽然川陕公路已全线开通，可邓元高家里穷得叮当响，什么交通工具都乘不起。然而，再大的困难也挡不住他去寻儿的决心。

1950 年 9 月中旬，五十多岁的邓元高携侄儿邓仕瑶出发了。他们每人背了一个竹背篼，内装几双草鞋以及盘缠、口粮和做竹席的工具，还背了许多竹子劈成的篾条。叔侄俩沿着蜿蜒崎岖的山路，一步步开始了艰难的寻亲之路。

一路上，叔侄俩风餐露宿，夜以继日，饿了就吃点儿干粮，渴了就喝点儿泉水，困了就倒在路边睡。后来干粮吃完了，盘缠也花光了，他们就一边走一边编竹席，卖了换钱，再后来，没有篾条可编了，干脆就讨饭吃。

邓元高逢人就讲："我儿子是红军，是解放军，驻扎在陕西旬邑县马栏镇，我们已经十八年没有见面了，我就是去找儿子的。"这一招还真灵，许多好心人主动接济帮助他们，给他们饭吃，给他们水喝，有的人还让他们借宿。

整整十八天，邓元高草鞋穿破了好多双，脚上磨出无数个血泡，经历了无数的艰难险阻，硬是从苍溪走到了西安。

到达西安后，叔侄俩打听到六十三军驻在三原县城，顾不上休息，又迈开双腿星夜兼程，两天走了近七十公里路，终于抵达了三原，找到了部队驻地。

时任六十三军军长傅崇碧听了邓元高的讲述，大为感动，当即电话通知了邓仕均，并派车把叔侄俩送到了邓仕均所部的驻地旬邑县马栏镇。

当看见衣着破烂、满脸黝黑、一身疲惫像个叫花子似的父亲时，邓仕均这个在敌人和困难面前从不低头的钢铁硬汉，再也无法控制自己的感情。他“扑通”跪下给父亲磕了几个头，父子俩抱在一起失声痛哭。此情此景，深深感动了在场的每一个人，大家都流下了激动的眼泪。

邓仕均叫来妻子苑秀珍给父亲磕了头，又抱起儿子邓其平，说：“这就是您的孙子。”邓元高立即抱起孙子，开心地大笑起来。邓仕均让父亲洗了澡，理了发，又给他买了好几身新衣服，带着父亲逛了旬邑县城，照了许多相，又带他到部队各个单位和部队种的地里去参观。邓元高对这里的一切都感到很新鲜，他做梦也没想到，这一生还能见到儿子，儿子还当了官。他逢人便说：“我儿子是团长！我儿子是团长！”

团聚的日子是快乐的。邓元高天天抱着宝贝孙子，尽情享受着天伦之乐。儿时的邓其平既顽皮又可爱，每当爷爷亲他、哄他，他总是用小手不停地摸爷爷的八字胡：“爷爷你有胡胡，我没胡胡，你上火车给我买个胡胡来。”逗得大家哄堂大笑。

邓元高千里寻子的消息传开后，邓仕均的许多领导和战友，甚至许多战士、家属都来看望老人，还把邓元高的事迹当作活生生的政治教材，编成小报、节目广泛宣传，甚至还巡回展览他穿过的草鞋、破衣服以及走路用过的棍子，以此激发广大战士的阶级感情。

虽然在部队只有短短十几天，但这却是邓元高一生中最快乐的日子。由于部队接到入朝作战的命令，邓元高不得不含泪和儿子、儿媳及孙子告别。

临行那天，邓元高和侄儿骑在马上，邓仕均及妻子前往送行。邓仕均再三叮嘱父亲保重身体，称抗美援朝胜利了就回家乡。邓元高则老泪纵横，依依不舍，把宝贝孙子抱着亲了又亲……

谁也没有想到，这一去竟是父子的诀别。

**夫妻情：苑秀珍赴朝寻丈夫**

1951 年下半年，许多部队家属都和朝鲜战场上的亲人联系上了，唯独苑秀珍没有丈夫邓仕均的任何消息。不久她发现周围的战友、家属见了她话都少了，有的人看到她则悄悄地躲开了。难道丈夫又负伤了？为啥人们都躲着自己？苑秀珍不由得产生了怀疑，直到兵团留守处的领导找她谈了话，她才知道丈夫已经牺牲在朝鲜战场上了。

丈夫牺牲的消息犹如晴天霹雳，苑秀珍忍不住失声痛哭。一想到自己才二十四岁，上有两个家庭的老人，下有一对年幼的子女，她顿时陷入无边的悲伤和无助中，吃不下饭，睡不着觉，每天都以泪洗面……

苑秀珍是河北省满城县大楼村人，八岁就当了人家的童养媳。1946 年，解放军三纵七旅十九团一营驻扎在大楼村，营长邓仕均经常帮助老百姓扫院子、挑水、拾柴、种地，和乡亲们拉家常说笑。他开朗亲切，谁家娶媳妇他还和村里人一起闹洞房，全村老少都非常喜欢他。只要听到他的马蹄声，全村人都要跑出来迎接他。

那时满城一带已属解放区，解除了封建婚约的苑秀珍参加了妇救会，斗地主、做军鞋、搞宣传，样样都跑在前面。村长冉进勇见邓仕均还单身一人，便热心做媒，把苑秀珍介绍给了邓仕均。经过一段时间的交往，1947 年初，二十岁的苑秀珍与三十二岁的邓仕均喜结良缘。

婚后，苑秀珍随丈夫到了部队，邓仕均帮助她学文化，教她看书读报、写家信，又介绍她入了党。1948 年 4 月 12 日，苑秀珍在河北唐县李家庄生下了儿子，那时邓仕均正在前线打仗，四个月后才回到后方见到了宝贝儿子。他说："我们苍溪有个地方叫岐坪，就给儿子取名邓其平吧。"

此后，苑秀珍又跟随丈夫解放太原，西渡黄河，进军大西北，千里追击马匪，一路从山西、陕西转战甘肃、宁夏。她怀抱着儿子，部队打到哪里她就跟到哪里。1950 年 3 月，已升任团长的邓仕均率五五九团进驻陕西省旬邑县马栏镇，夫妻俩总算有了个安定的家，住在部队驻地的两间窑洞里。

1950 年 11 月中旬，部队准备开赴朝鲜前线。离开驻地时，苑秀珍抱着儿子，挺着已怀孕九个多月的大肚子，送别即将出征的丈夫，她多么希望丈夫留在自己身边啊！但军人的天职就是保家卫国，看着骑在马上的丈夫，苑秀珍依依不舍地再三嘱咐，一直目送马队越走越远。

谁知这一走却是生离死别，她永远失去了心爱的丈夫。

1950 年 12 月 31 日晚，苑秀珍在三原生下了女儿。得知女儿出生的消息后，尚在曲阜整编的邓仕均欣喜若狂，他说："这是老天赏赐给我最好的礼物，如今真是儿女双全啊！"给宝贝女儿起个什么名字呢？邓仕均想起家乡的女孩名字中总爱带个"菊"字，"对，女儿就叫邓菊平吧！"但他始终没有见过女儿一次，给自己和女儿都留下了终生的遗憾……

1951 年 10 月，闻知丈夫牺牲的消息后，苑秀珍做出了一个惊人决定：她要亲赴朝鲜前线寻找丈夫，活要见人，死要见尸，她要看一看和丈夫并肩战斗的战友们。

当时，领导和战友们都不同意，因为朝鲜战事正激烈，很危险，但苑秀珍的态度十分坚决：“去，一定要去！”

由于邓仕均是全军闻名的特等战斗英雄，又是老红军、老八路，最后经志愿军司令部和十九兵团领导批准，同意了苑秀珍入朝的请求。

这年深秋，苑秀珍带着三岁的儿子从三原乘火车经西安转车，回到阔别将近五年的家乡大楼村，她决定把儿子放到姥姥身边，孑身入朝。

回到家乡，苑秀珍强装欢笑，不敢把噩耗告诉两个老人，怕他们承受不住这个打击。晚上，她和妹妹睡在一个屋里，这才把丈夫牺牲的消息告诉了妹妹。姐妹俩悄悄地抱头痛哭，生怕惊动了隔壁的父母亲。

第二天，苑秀珍把欲去朝鲜的事告诉了母亲，但母亲却不同意，担心那里太危险。于是，苑秀珍编造了一个谎话，说：“仕均在朝鲜负伤了，我要去看望他。”苑秀珍跪在地上，抱着母亲放声大哭，母亲爱女心切，只好答应了她的要求。

这年冬天，在上级安排下，苑秀珍怀着对丈夫的无限热爱和深切思念，毅然踏上了朝鲜的土地。

在朝鲜的日子里，兵团首长、军师领导先后接见了苑秀珍，向她介绍了邓仕均牺牲的经过，介绍了部队抢回遗体的过程。领导们一再鼓励她要坚强，要抚育好子女。许多朝鲜老百姓听说她丈夫在前线英勇牺牲了，都相约一起来安慰她、帮助她、照顾她。苑秀珍说：“仕均是为保家卫国牺牲的，我要抚育好两个孩子，让他们继承父亲的遗志。”苑秀珍在朝鲜待了近一个月，才回到国内。

**战友情：警卫员追忆邓团长**

2012 年 5 月，邓仕均之子邓其平通过笔者辗转找到了父亲生前的警卫员陈明月。陈明月把一张邓仕均抱着年幼的邓其平的泛黄旧照交给了邓其平。这张照片是从牺牲的邓仕均的衣兜里找到的，陈明月保存了六十多年。

八十六岁的陈明月含泪回忆了邓仕均牺牲的经过：

1951 年 2 月 17 日，正值农历大年十二，部队悄悄地渡过了鸭绿江。

第二天，军长傅崇碧命令师长、团长乘汽车到前边勘察地形，接受战斗任务。那时志愿军除了军长乘小车外，每个师乘一辆大卡车，师长、团长坐在一辆卡车上，邓团长乘第三辆车。

当时，敌人的飞机整天在空中盘旋，发现我军目标就狂轰滥炸。加之朝鲜多是山地，道路窄、弯道多，司机对道路不熟，汽车爬上一个大坡到了山顶，突遇一个死弯，司机反应不及，失去控制的卡车坠下山沟，连翻了三个滚。车上的人当场牺牲两个，邓团长和我负了伤。

邓团长因此留在后方养伤。但他一直惦记着部队，几次要求重返部队，都因伤势未愈不能成行。

五次战役打响后，邓团长听说五五九团打得不好，心急如焚，加之上级已准备提他任一八九师副师长，他担心到了师里后，参战的机会就少了。因此，他不顾自己的伤情，立即带着我往南寻找部队。走不动时，我劝他休息他也不肯，说："哪有那么多事！一打仗什么病都没了！"

19 日傍晚，师长命令邓团长甩开当面之敌，继续向敌人纵深迂回前进。邓团长立刻带着一、二营大胆向敌人纵深勇猛穿插，他带着警卫员和司号长始终走在最前面，位置比尖刀排还靠前。

时隔不久，一个多团的美军在飞机、大炮、坦克的掩护下，轮番向五五九团进攻。邓团长带领全团击退了敌人团营规模的六次冲锋，歼灭敌人二百多名。后接到师部命令，全团坚守到夜里 12 时，然后分批撤出阵地。

就在我们通过一个峡路口时，遭到了敌人炮火的猛烈阻击，其中一发炮弹击中了邓团长，他喊着："明月、明月，我挂花了！"我立即跑到团长身边，看到邓团长左大腿被弹片击中了，鲜血直流，我马上从皮包里取出两个急救包，准备给他包扎。就在这时，敌人又一阵炮弹打过来，其中一发落地爆炸，飞起来的弹片击中了邓团长的头部，他当场牺牲，年仅三十五岁。时间是 1951 年 5 月 20 日晚 9 时左右。

我赶紧找人找担架，路上碰到了从前线撤回来的刘波政委，我悄悄地向他报告，七〇一（邓团长的代号）牺牲了。刘政委心情十分沉重，立刻命令组织股长、保卫股长和我抬回邓团长遗体，如果条件不允许，找一个合适的地方暂时掩埋，但要做好记号。

我们迅速返回邓团长牺牲的地方，找到老百姓的一块门板，轮流抬着邓团长的遗体来到一片开阔地。这里离洪川江不远，因洪川江水深浪急，抬着遗体很难过江，于是决定就地掩埋。

我们在附近找到一个干河沟，把遗体放在门板上。我把随身带的一块防雨布盖在邓团长身上，三个人用河沟两边的土将他掩埋了。遗体是头朝北脚向南。我又用小铁锹在旁边的小树上削掉一块树皮作为记号。

过了洪川江已是21日早晨，我看到师长徐信就站在江边。他一脸怒气，令两个战士把我架过去。我当时满脸都是土和血，左边背的一支驳壳枪被打断，腰间插着的邓团长的防身小手枪也被炸坏了。

我向师长报告了邓团长牺牲的经过。师长问："你负伤了没有？"我回答："不知道。"我知道师长问的意思，因为警卫员的职责就是保护好首长，做到'首长在警卫员在，首长亡警卫员亡'。师长又说："邓团长牺牲了，你怎么回来了？"说罢，师长命令我向后转。我以为要枪毙我，于是转过身闭上眼睛等着，可是好久也没听到枪响。原来，师长看到了我背着的邓团长的望远镜，两个镜头都被炸没了，师长顿时明白了，于是他挥手让我走了。

当天黄昏，我又接到立即赶到师部的通知。

徐信师长亲自布置任务，说是毛主席下了命令——一定把邓仕均的遗体抢回来！师长说："抢不回来要你们的脑袋。"

师长问我："给你二百个人行不行？"我答道："人不能太多，三十多个人就够了。人多目标太大，反而更危险。"师长说："我就给你三十个人，全军的火炮支援你们。"

我身背一部步话机，带着一个排，在全军炮火的掩护下，于21日晚上10时多重新渡过洪川江。我们行进了五六公里，爬过一个山坡、一座山头，前面就是那片开阔地，大约就是掩埋邓团长遗体的位置。谁知一看，这里到处是敌人的坦克，所有的大灯都亮着，一片灯火通明，根本无法下手。

我来回走了三趟，想靠近那片开阔地，但都没有成功。万般无奈之下，我只好用步话机向师长报告了情况。师长叫我们在原地待命。我们三十多人整整等了两个多小时，师长这才命令我们撤回去。

渡过洪川江，这时天已接近黎明，我看到徐信师长就站在江边靠西的位置，傅崇碧军长站在稍靠东边一点的位置，他们都是一整夜亲自指挥这次行动，一直在等我们安全返回。师长对我讲："为什么让你们在原地待了那么长时间，因为抢回邓仕均的遗体是毛主席的命令，让你们撤回来也得请示毛主席同意……"

最后，陈明月说，邓团长牺牲前的事他都记得清楚，可自打首长牺牲了后，他的脑子一片空白，都不记得当时是怎么渡过洪川江的。几十年来，每当他想起邓团长牺牲时的情形，每当他看到邓团长年幼儿子的照片，眼泪就不由自主地流了出来。现在，他把照片交还给邓其平，也算是为邓团长了却了一桩遗愿……

2012年10月，邓仕均之子邓其平偕夫人回到苍溪，拜见了家乡的亲人，和笔者见了面。家乡人民在苍溪红军渡英名堂陈列了邓仕均的条目，并在英灵堂设置了他的牌位，时时刻刻盼望英雄魂归故里。邓其平说："我和妹妹今生最大的愿望，就是找到并接回父亲的遗骨，让他的忠魂永远安息在苍山溪水。那一天，我们兄妹要说'爸爸，我们回家吧！爸爸，我们回家了……'"

（本文选自人民网）

# 父亲是机智乐观“红小鬼”

口述 / 龙剑辉　整理 / 李　强

龙飞虎

在龙剑辉的眼里，父亲龙飞虎机智敏锐、英勇顽强、乐观无畏。近日，他向记者讲述了龙飞虎将军在长征中几个鲜为人知的小故事。

## 抓着马尾巴过河

1934 年 10 月，红军开始长征时，龙飞虎担任红一方面军三军团政治保卫局便衣队长，跋山涉水是“家常便饭”。

龙剑辉说：“父亲虽然体格健壮，但身材并不高大。长征途中要过很多河，很多次，刺骨的河水漫到父亲的脖子上，冻得他全身直打哆嗦，稍不注意，整个人就会被汹涌的河水冲走。”一天，四川境内的一条大河又挡住了红军的去路。没办法，龙飞虎与战友一道，又跳进冰冷的河水中，刚走几步就差点儿被河水冲走。就在此时，他飞快地拽住了一匹战马的尾巴，顿时轻松了许多。从此以后，每逢过河，他都跟在战马后面，拉住马尾巴过河。

### 篝火点着了雨伞

进入草地时，正好是冬天，天气非常冷，战士们都穿得非常单薄，很多战士连草鞋也没有，只能打着赤脚走路。地面上结了冰，又滑又冷，战士们只能加快步子，希望在天黑前找到宿营地，能烤烤火，稍微暖和一下。

一天宿营时，下着大雨，龙飞虎与侦察员覃应机两人撑着一把雨伞，席地而坐烤火。连日来的劳累，加上寒冷、饥饿，让他们感到非常困乏。坐下还没几分钟，两个人都睡着了。没想到，篝火竟然点着了雨伞，他俩却毫无察觉。后来，其他战友及时将火扑灭，他们才醒来。龙剑辉说，20 世纪 70 年代，已担任省级干部的覃应机带领广西代表团访问福建时，龙飞虎将军和他在分离几十年后重逢，还说起这件“火烧雨伞”的往事。

### 捉弄罗瑞卿的“红小鬼”

“无论在什么时候，父亲总是保持着一种乐观开朗的态度。长征那么艰苦危险，他却从不气馁，始终以革命乐观主义精神去面对生活、面对现实。遵义会议后，父亲担任红一方面军保卫局侦察科长，罗瑞卿任局长。工作上，他们配合默契，相处融洽；生活中，罗局长和蔼可亲，平易近人，没有半点架子。行军途中，父亲和一帮‘红小鬼’总喜欢拿他们的上司‘开刀’，不时地去‘戏弄’一下。”过草地途中，罗瑞卿局长半边脸受了伤，嘴部肌肉稍一拉动，就会感到疼痛。

在一次难得的“宴会”上，这些“红小鬼”在做菜的时候，故意将牦牛肉煮得半生不熟。罗瑞卿局长嚼着牛肉，脸部肌肉疼得厉害，才知道上了这些小鬼的当。于是他立即假装沉下脸，却又忍不住“嘿嘿”一笑，继续吃他的饭，这场闹剧就此宣告结束。1975 年，罗瑞卿来福州治疗腿伤，龙飞虎经常去探望他，两人谈起这段往事，不禁开怀大笑。

（本文选自福州新闻网）

# 苦乐百年

## ——送别母亲董启翔

文 / 董雨歌

2014 年 11 月 14 日，母亲走完了她一百零二岁的人生。在这百年中，充满着欢乐，也交织着苦难。

妈妈于 1913 年 1 月 20 日出生在重庆的一个殷实家庭，她的父亲当时在军政商三界都颇有建树。作为长女，母亲的童年和少年过得富足和欢乐，但劳苦大众在苦难中的挣扎，也深刻地印在她幼小的心灵里。

二十六岁的董启翔（后中）从日本回国后与弟妹合影留念

大革命的风暴给她带来了洗礼，她参加了北伐军在武汉建立的童子团；而随之而至的国共破裂后“清党”的腥风血雨，又给了她极大的震撼。就在这拿本红封面的书本在街上走，都有可能掉脑袋的“白色恐怖”中，妈妈接触到革命真理，为了解除大众的苦难，她抛弃了富家小姐生活的舒适安逸，义无反顾地投身苦难，参加革命。

1932年参加革命后，苦难屡屡袭来。1933年华北地下组织遭破坏，妈妈在天津被捕。外公以民国上层人士的身份，把她解救出来。

回到武汉，母亲没有被苦难吓倒，只身前往河南焦作煤矿当工人，寻找党组织。

妈妈在河南杞县大同中学任教时找到了党，随后又受党的派遣，东渡日本，开展留日学生工作。

抗战爆发，母亲回国。党又派她去大别山，以隐蔽身份在国民党桂系主持的安徽省政府开展工作。

在大别山，妈妈遇到了从延安中央党校组干班毕业后派来参加地下工作的钟国松，结为终身伴侣。

两人先后在大别山、皖江、皖北的新四军二师、四师、七师工作。

解放战争期间，又转战苏北、山东，最后随着解放大军的洪流，从征战了十年之久的江淮、齐鲁大地，跨越长江，进军大西南，来到广西。

此时，中华民族送走了苦难，迎来了欢乐。

妈妈的信念坚定。1927年大革命失败后，她曾目睹大批革命志士被当街行刑斩杀，血腥残忍的场面惊魂摄魄。但之后她在进步同学处阅读到了革命的启蒙书籍，建立起为大众求解放的信念，毅然踏上了一条荆棘之路。

20世纪30年代初参加革命时，妈妈还不到二十岁，就把比自己小一岁多的大弟启文和小五岁的二弟启强带进革命队伍。又先后影响了二妹启刚、三弟启勋、四弟启昭参加革命。抗战初期五个弟妹奔赴延安，时有“延安五董（兄妹）”的佳话（启文解放战争中牺牲在东北，启强成为开国少将）。

妈妈因为被捕，失去了与组织的联系，她千方百计寻找组织。

妈妈不避艰险。她是高度近视，离了眼镜看不清东西，在游击区工作，不能化装成当地老乡，一遇日军顽军，非常危险。但她到皖南游击区二区当区长，一干就是小半年。

妈妈多才多艺，开朗活泼。1931年曾代表湖北省女子篮球队参加民国第四届全国运动会；中学时期还导演和参加话剧《西线无战事》《复活》的演出；妈妈在日本留学，掌握英语、俄语、日语和世界语；许多年以后，已经在不同岗位担任领导职务的原广西学生军的战友，犹记当年大别山“董姐”一头短发，一身灰色的军帽、军装、绑腿，武装带紧扎，小手枪斜挎，跃马扬鞭的勃勃英姿。

妈妈有很强的工作适应能力。1932年她在武汉组织成立了“左翼剧联”武汉分

会（成员有陈荒煤、张庚、吕骥），以文艺青年身份开始了革命生涯。随后从事工运、学运、妇运、敌工、文化、教育、民政、宣传等多方面工作，都能应对自如。

在大别山时，一次群众集会，遭日机空袭，妈妈指挥参会的妇女武装，稳住了躁动混乱的场面，没有让敌机发现目标，保护了集会群众的安全。时任安徽省省长的桂系要员廖磊主持会议，对临危不乱、处置果断的年轻的妇女部长大加赞赏。

和平时期，妈妈多次调换岗位，到哪都能发挥作用。特别是二十世纪五六十年代，她在柳钢担任副厂长，面对大工业生产，长期从事文教和行政工作的妈妈可以说是跨界运作，但她仍挑得起这副担子。20 世纪 80 年代末，柳钢的一位在职老员工回忆，钢厂初建时期，各方面生产不稳定，经常有事故发生。一次大的事故处理现场，妈妈镇定自若，调度有力，拿得出办法，镇得住场面。至今仍有文化界的老人，说起妈妈做报告，不用讲稿，几个小时娓娓而谈，言之有物。

妈妈从不讲究待遇。战争年代，因工作需要，她的职位多次大幅度变动，曾有从师部敌工科长到游击区区长的经历。

抗战初期，她想去延安，但时任八路军武汉办事处主任的董必武决定派她去大别山，说："那些刚刚参加工作的需要去延安学习，你是老同志了，应该马上投入工作。"

从此，妈妈就一直战斗在基层，失去了在中央工作的机会，曾经的下属因为到了延安，中华人民共和国成立后职位都比她高，但她从未因此有怨言。

最能反映妈妈人品的是当她重新找到组织后，一头扎入工作，组织上也因妈妈精明干练，视其为工作骨干，多次辗转，到了 1943 年审干才发现，作为党的重要干部的妈妈，之前居然没有履行入党手续。结果 1932 年参加革命的老同志党龄从 1943 年 11 月算起，比她介绍入党的新同志党龄还短，但妈妈却无二话。

妈妈意志刚强。妈妈在大别山时期曾被誉为"女金刚"，但是后来在战争年代的艰苦条件下生育，摧残了她的健康，20 世纪 50 年代时她的身体已经非常衰弱。老战友担心她的身体，每次见面都开玩笑："老董，你还没死啊！"

妈妈一边工作，一边顽强地与疾病做斗争。1964 年检查出来患有冠心病，在没有药物的情况下，还要承受超出其体力的劳动。但是妈妈挺了过来，她坚持锻炼身体，数十年不间断，硬生生地从死神的爪子里抢来了六十多年的阳寿。

她离休以后，每天按时坚持收听英语和日语广播，一到播出时段，有多吸引人的电视节目都停下不看。

妈妈生性欢乐，也尽量给别人带来欢乐。20 世纪 60 年代中期，广西某文艺团体从外地分来一批声乐、器乐、钢琴和指挥等专业的大学生。年轻人初到异地，生活不习惯，情绪不稳定。分管这个团体工作的妈妈在星期日邀他们到家里包饺子，改善伙食，细致关怀。这批大学生后来都在岗位上发挥了骨干作用，几十年后重逢，一提到“董妈妈”，仍心存感激。

在湖北退休的女高音歌唱家王丽君，因带研究生考试，不能前来参加妈妈的告别会，嘱托以自己和丈夫的名义，送花圈“献给伟大的母亲”。

妈妈生活俭朴，从不为生活给组织上提要求，不搞特殊化，也尽量不给别人添麻烦，九十八岁了贴身衣裤还自己洗，弥留时刻问她有什么地方不舒服，也总是说没有。

身为大家闺秀，她的耳垂从小就穿了洞，可是参加革命后就未戴过耳环，再也不穿金戴银。平常衣服鞋袜穿旧了也舍不得丢掉，吃得也很节约，剩菜剩饭也舍不得倒掉。

可是帮助他人却从不吝惜，她还是希望工程的第一批捐助人。

妈妈安详地离开了我们，带着尊严告别了这个世界，她有不舍，更有欣慰。她毕生为之奋斗的事业蓬蓬勃勃，她精心创建的大家庭红红火火，而她自己历经苦乐功德圆满。

百年一生方离去，回眸笑看人间花。

（本文选自广西文联网，有删节）

# 我的母亲李贞淑和那段烽火抗战的岁月

口述 / 廉顺玉　整理 / 刘晓慧

1912 年，李贞淑出生在俄罗斯沿海州新兴里。1927 年，十五岁的李贞淑在舅舅高河鲸的影响下来到延吉县（现龙井市）大成中学读书。在那里，李贞淑受到了马克思主义的熏陶，与同学们一起宣传共产主义思想。两年后，李贞淑成为东满朝鲜共产党少先队主要负责人。

1930 年 5 月 30 日，李贞淑和她的同志们动员当地群众参加“五三〇”革命，并将发动革命的宣传材料藏在自己家中。当时，延边处于日本侵略者的统治之下，日军对境内各族群众实施戒严。在一次搜查李贞淑家时，逮捕了多名中共党员、进步学生，李贞淑本人也被日军关押在日本领事馆（现龙井市政府所在地）。为了从李贞淑口中得到情报，日军对李贞淑动用了各种酷刑，不停地往李贞淑的嘴和鼻子里灌水，令她一次次窒息昏厥。十八岁的李贞淑咬紧牙关，没有说出任何关于共产党的信息。日方没有得到任何线索，在关押李贞淑数月后，无奈地释放了她。

1930 年 8 月 13 日，延吉县成立中共延河中心县委（后改名为延河县委）。9 月，李贞淑光荣地加入中国共产党，并被任命为延河县委妇女委员。她四处动员县内的妇女参加革命，与同志们创办夜校培养党员和党的积极分子，发动群众反抗日本侵略者。1930—1932 年，李贞淑两次被日本侵略者逮捕，虽经酷刑，但凭着坚强的意志，一次次摆脱了日军的魔爪。1932 年，刚刚出狱不久的李贞淑被党派到朝鲜，参加朝鲜独立运动。一年后，李贞淑被召回，再次投身于延边人民的反日斗争。当时，中共已经在延吉市建立了抗日根据地。李贞淑主要从事地下工作，负责传送抗日宣传资料。1934 年 10 月，身怀六甲的李贞淑在龙井市老头沟镇开展反日宣传时被捕。日本侵略者对李贞淑进行残酷的折磨，殴打其多次昏厥，直到奄奄一息。

由于审不出任何口供，日军放回了怀孕的李贞淑。这次入狱使李贞淑的身体严重受损，回家后卧床不起。即便如此，她也没有中断抗日革命工作。卧床待产期间，李贞淑让母亲代她搜集日军情报，传送给其他革命同志，帮助营救被捕入狱的革命者。1935 年，李贞淑生下女儿廉顺玉。生下女儿不久，李贞淑因伤势过重牺牲。也是在这一年，一直战斗在反日前线的丈夫廉应喆在朝鲜牺牲，舅舅高河鲸在朝鲜汉城（今首尔）西大门监狱中被日本侵略军杀害。

李贞淑去世后，她的母亲默默承担起抚养烈士遗孤的责任。老人在痛失女儿、女婿、弟弟的巨大悲痛下，收起眼泪，把养育外孙女当作完成女儿的抗日遗志。在廉顺玉懂事后，这位纯朴的老人给她讲述英雄父母抗日的故事，并告诉她，母亲李贞淑去世前的最后一句话是“中国共产党万岁！孩子，你要记住，你的父母都是抗日英雄”。

（本文选自《延边日报》）

# 父亲吕正操的铁路情缘
## ——领导西南铁路建设像打仗

文 / 吕彤欣

青年时期的吕正操

晚年吕正操

在领导西南铁路建设的过程中，父亲有自己独特的指挥艺术。父亲常讲，搞西南铁路建设，也和打仗一样，既要抓物质的，又要抓精神的。

我父亲吕正操在晚年常讲，他一生只做了三件事："打日本、修铁路、打网球。"历史和机遇，成就了父亲与铁路的一段情。

父亲 1904 年 1 月出生于辽宁海城（今海城市），那时正值日俄战争时期，家里的菜地就在南满铁路边上。虽然从小就恨日本人，但是日本人管理铁路的正点给父亲留下了深刻的印象，从那时起就萌发了长大后管理铁路的心愿。

从东北局梅河口会议开始，到辽沈战役胜利的三年间，父亲在东北主要负责铁路运输和修复工作。1946 年 7 月成立东北铁路总局（后改称东北人民铁道部），父亲为总局长兼政委。

当时东北铁路员工的口号是："解放军打到哪里，铁路就修到哪里，火车就开到哪里！"

随着人民解放军胜利前进，员工们又提出响亮的口号："解放全中国，把火车开到北平去！开到南京去！开到广州去！"

党的七届二中全会时，父亲去见毛主席，主席正在阅读文件。见父亲进来，毛主席劈头就说："你写的文章《论乘务负责制》，不错呀！我们就是要学会搞建设。"

父亲回答说："我讲的有不少是外行话。"毛主席笑着说："外行可以变内行嘛！"

中华人民共和国成立后，滕代远任铁道部部长，父亲是铁道部副部长。

1950 年 10 月，开始了抗美援朝战争。11 月 2 日，中央人民政府革命军事委员会任命父亲兼任军委运输司令。中朝军民英勇顽强，形成了一条打不断、炸不烂的"钢铁运输线"。

1958 年 1 月，朱德总司令两次找到父亲，要他写一份关于修建内昆线的报告。

1958 年，在中央全会上，由于大家对西南三线铁路建设的认识不统一，毛主席努力说服大家："如果大家（想）不通，下次会议到成都去开，然后骑毛驴到西昌去。"

1964 年，父亲受命负责西南三线（成昆、川黔、贵昆三线）铁路的修建。我从小随父亲走南闯北，耳闻目睹。父亲就像一个指挥千军万马的司令员，在西南摆开战场，几十万军民齐上阵。

在我眼里，西南的三线铁路建设，犹如一场和平时期的战争。

在西南修铁路，困难重重，有自然条件的险恶，也有修路队伍本身的问题。

自然条件方面主要是地形险恶、地质复杂、气候多变。比如成昆线，除去两头和中间一点平地，基本上是由桥梁和隧道相连。20 世纪初，英国人想修一条从上海经过重庆、云南到缅甸的铁路，看了看，放弃了计划，说根本修不了。苏联专家看了后，认为这里是"一个禁区"。父亲常讲："成昆铁路在中国铁路建设史尚无先例，成昆铁路能修，西南铁路就能修；西南铁路能修，全国铁路都能修。"

修路队伍本身的问题主要是队伍来自全国各地，思想、作风、技术等都不一样，而且大家对修路的思想准备不够，情绪不稳定。

针对这种情况，指挥部决定：一抓思想，二抓设计，再抓部署。在大家的全力

奋战下，川黔线于 1965 年 7 月 8 日提前接轨，仅仅用了九个月的时间。贵昆线也在这一年的 10 月 1 日顺利通车。

成昆线是困难最大的一条，在 1964 年西南铁路大会战前，成昆铁路时修时停，三次上马，三次下马，仅仅修了六十多公里。父亲总结了之前考察的经验，首先指挥隧道工程快速突破，同时加紧机械化的推进，并进行内燃机车的试制，大大推进了成昆线的建设。

1964 年 7 月，在西昌召开了一个关于决定成昆线命运的会议，父亲专程前往参加。我随父亲沿着红土路面的盘山公路乘了两天汽车，途经雅安，才到了西昌邛海边开会的招待所。

在那次会上，父亲力排众议，主张立即“大干快上”。

在领导西南铁路建设的过程中，父亲有自己独特的指挥艺术。父亲常讲，搞西南铁路建设，也和打仗一样，既要抓物质的，又要抓精神的。1964 年 10 月，西南铁路建设工地指挥部成立时，首先狠抓思想工作。

父亲讲，在战争时期，《大刀进行曲》《义勇军进行曲》《志愿军战歌》，都成了鼓舞全国军民的强大精神武器。父亲在西南铁路建设时，也和打仗一样，既抓物质，又抓精神。父亲非常重视文体活动、组织工作、宣传工作，工地上有不少黑板报，上面有宣传画、诗歌和豪言壮语。

在周总理的号召下，许多中央的文艺团体来到西南铁路建设工地上，进行慰问演出。

1984 年 12 月，三件各国赠送联合国的礼品被评为“象征人类本世纪征服大自然和进入宇宙空间”的联合国特别奖，它们是：苏联的第一颗人造卫星的模型，美国的阿波罗宇宙飞船采集回的月球岩石，中国的成昆铁路的象牙雕刻艺术品。中国人修建的成昆铁路，成为 20 世纪人类征服大自然的象征。

（本文选自《人民日报》）

# 纪念我的母亲黄杰

文 / 徐小岩

2009年11月16日是母亲黄杰的百岁诞辰，亲爱的母亲已经离开我们两年多了，但是她的音容笑貌经常浮现在我的脑海中，走进我的睡梦里，许多往事异常清晰地铭刻在记忆中。

黄 杰

母亲出生于湖北江陵郝穴镇的一个封建大户家庭，她冲破封建家长专制，十四岁就只身到武汉求学，十七岁考取了黄埔军校武汉分校，投身于轰轰烈烈的大革命浪潮中。在汪精卫叛变革命，蒋汪合流向共产党人举起屠刀的时候，母亲毅然加入了共青团，后转为共产党员。为了挽救革命，中国共产党确定了开展土地革命和武装反抗国民党屠杀政策的总方针，并决定在湘、鄂、粤、赣四省举行秋收起义。母

亲被派往湖北松滋（今松滋市），担任中共松滋县委书记，当时她只有十八岁。她与战友们一起发展党的组织，开展农民运动，并于当年秋季发动了九岭岗起义。这次起义动摇了国民党地方政权的反动统治，将革命的火种播撒在荆楚大地上，母亲的事迹至今仍在那里流传着。

在九岭岗起义受挫后，母亲由鄂西辗转来到上海，在中央军事委员会做秘密交通工作。当时中央军委由周恩来任书记，刘伯承、聂荣臻、傅钟、曾中生、朱瑞等同志都是军委委员。早期的军委机关很精干，就在上海成都路的一栋三层楼里，大家工作在一起，生活在一起，像一个大家庭。母亲在她的回忆文章《风雨年代》中，讲述了这批早期军委领导者诸多有趣的小故事。

1932 年，母亲到江苏省妇委，在我党著名女革命家钱瑛、帅孟奇领导下工作，与两位“大姐”结下了深厚的战斗友谊。1933 年，母亲任闸北区和沪东区的女工部长，在组织“五一”大游行时被捕入狱。面对敌人的审讯临危不惧、沉着应对，始终没有暴露共产党员的身份。在宋庆龄的大力营救下，度过了两年零七个月的铁窗岁月后出狱。

抗日战争开始后，母亲到新四军工作，任新四军军部服务团女生队队长，学员们都是来参加抗日的热血女青年。之后又在鄂西中心县委、重庆办事处等处工作。1940 年，到延安党校学习；1942 年，任陕甘宁边区妇联组织部部长；1945 年，任陕甘宁边区第一保育院院长。解放战争时期在晋冀鲁豫地区工作，组织土地改革和支前工作。

中华人民共和国成立后，母亲一直工作在纺织工业战线。中华人民共和国刚成立，国家一穷二白，纺织工业的基础十分薄弱，需要新的工业布局。既要从老厂抽调人员支援新厂，又要组织培训新生力量，母亲为建设纺织工业的队伍付出了极大的心血。母亲勤奋的工作精神、高尚的品格与谦和待人的态度得到了广大干部和群众的爱戴。黄永芳同志是 1954 年转业到纺织部机关的，长期在部办工作，她回忆：“黄杰首长艰苦朴素，平易近人，与群众同甘共苦，不计个人得失。当时在纺织部机关和下属单位中任职的部队将军夫人、地方市长夫人不少，论官衔，元帅夫人是最高的，可是就数黄司长没有架子，和蔼可亲，这是上下公认的。”母亲严于律己、宽以待人的态度在纺织部更是人所共知的。纺织部刚组建时，首次为干部评级、定级是很复杂的，母亲在人事司主持这次定级工作。上报定级方案后，中组部领导找母亲谈话：“黄杰同志，你是 1928 年的党员，大革命时期的干部，你把自己定得这么低，让我们怎么平衡。”尽管主管部门领导如此讲，母亲还是坚持把自己的级别压低了一级。在那个年代，主管人事工作的母亲不计个人得失，勇于坚持实事求是的原则，保护了不少干部。母亲不仅关心广大干部、职工的工作和生活，还特别挂念那些为建立中华人民共和国而献身的烈士们的亲属。彭雪枫同志的遗孀林颖阿姨在纺织部工作，母亲尽力给予照顾，还特别关心她的儿子小枫的成长。彭小枫同志参加工作后，仍念念不忘母亲当年对他的关心和培养，每逢春节他都要代表林阿姨来看望母亲，在母亲病重期间多次到病床前探望。

母亲好静，很少串门走动，但是很怀念和她共同战斗过的战友们。一次我回到家中，母亲很高兴地告诉我，她和“帅大姐”通电话了。当时，帅孟奇同志患病住院，母亲很担心，突然接到她的电话，尽管只是聊了一下家常，但是让母亲兴奋了很久，她对老大姐的敬重和思念之情令我至今难忘。赵烽阿姨是母亲最亲密的朋友，她们同在延安党校学习，之后同在陕甘宁边区妇联工作，母亲办公桌的玻璃板下一直放着她们的合影。1985 年，在母亲寿诞之际，赵烽阿姨以她秀逸潇洒的书法写了一首长诗，表达了她对母亲的敬重与浓浓情谊，这件作品一直悬挂在母亲会客室的墙壁上。从 1962 年我家搬到后海南沿的柳荫街之后，母亲在这里生活了四十五年，与街坊邻里建立了十分和睦的关系，逢年过节母亲都要给柳荫街居委会的高大妈等老邻居们送点水果、点心，并让秘书向老邻居表达节日问候。华国锋同志和父亲是山西老乡，在 1990 年父亲去世后，他每年春节前都要来看望母亲，他以一个退休了的政治家的从容和淡定与母亲谈天说地，聊家常、聊百姓生活、聊社会新闻，每次都要谈很长时间。一年春节，华国锋同志向母亲赠送了他的书法作品“澹泊慈贤”，表达了他对母亲的尊敬与赞誉。

我的父亲徐向前和母亲是经过苏井观叔叔和他的夫人张琴秋（曾任红四方面军政治部主任）介绍而相识的。1946 年 5 月 4 日，他们在延安的柳树店举行了简朴的婚礼。母亲早在上海中央军委做秘密交通时，就了解鄂豫皖苏区的情况；知道红四方面军的辉煌战绩，也了解张国焘飞扬跋扈、文过饰非的家长作风给革命带来的损失。经过长期革命风云和党内斗争磨炼的母亲很理解父亲当时的心境。她佩服父亲刚毅、果敢、运筹帷幄的军事才能和刚正不阿、荣辱不惊的人格；父亲敬重母亲的独立坚韧、聪慧大度。共同的革命信念、共同的人生价值取向是父亲和母亲婚姻的基础。

在家中，父亲一直保持山西人的生活特点，而母亲生于鱼米之乡，所以口味和生活习惯都不尽相同，母亲基本上随父亲的饮食习惯，不过有时也向父亲提一点要求。一年，在母亲的生日时，父亲开玩笑地问母亲：“你想要什么生日礼物呀？”母

亲想了想说："我从来没有看过你穿元帅服的样子，你穿上让我看一看，就算生日礼物。"父亲叫人从箱子里取出了元帅服，穿起来，走了几步。这样，母亲收到了一个特别的生日礼物。父亲平时话不多，可是在生活中很体贴母亲。父亲是军人，走起路来总是大步流星，同母亲出去散步时父亲就会有意放慢步速，使母亲走起来不吃力。父亲喜欢摄影，在二十世纪五六十年代，为母亲和孩子们照了不少相。我们编辑的画册中母亲的许多照片都是父亲的作品，这些生动的黑白老照片充满了家庭气息，给我们带来了多少美好的回忆呀！父亲有一个专用的工具箱，喜欢自己动手做木工，母亲用的拐杖就是父亲亲手做的，做得很精美，也非常耐用，父亲去世后，母亲还一直使用着这根拐杖。在病重住院期间将拐杖放在病床边，不许任何人动，照顾母亲的小护士们很奇怪，我的爱人彦彦对她们解释："这是老头为她做的呀！"

徐向前、黄杰夫妇

父亲去世后，许多人都劝母亲到外地走一走，改变一下环境。深圳市委书记李灏同志到家中看望母亲，请母亲在冬季到深圳住一段时间，并已在深圳的迎宾馆为母亲专门留了一套房子。我们也都动员母亲去。可是母亲一贯怕给组织添麻烦，最后还是没有去。这样，我们就在家里想办法，把二楼的阳台改装为小花房，养了各种花草，从此母亲每天都要到小花房去看看花、浇浇水，既锻炼了身体又丰富了生活。母亲精神好的时间就给我们讲了一些年轻时的小故事。一天母亲谈起了她对身后的安排，她要和父亲一样，把骨灰撒在她投身革命的地方，撒到滚滚的长江中去。

2007年6月18日这一天，母亲永远离开了我们。7月初，我们来到了母亲的家乡——湖北荆州，在浩渺的长江上，母亲的骨灰伴随鲜花缓缓地随江水漂向天边。八十年前，母亲从这里走上了革命的道路，九十八岁的她走完了一个共产主义者的一生。现在她又回到了故乡，再次从长江走向大海，走向世界。母亲，我们完成了您的遗愿。

父亲和母亲，你们虽然没有墓碑，但是，你们的精神永存，你们的丰碑竖立在人民心中，你们的英灵与祖国的山河同在！

（本文选自《湖北日报》）

# 父亲李袖清的革命生涯

文 / 李安珍

父亲李袖清，又名李毓华，山西文水东城村人，1901 年出生于一个比较富裕的农民家庭。祖母早逝，父亲由祖父李梦兰抚养成人。祖父为了供父亲上学，与三祖父李万隆一边种地一边熬盐挣钱。少年时父亲很聪慧，学习十分认真，在文水县城上小学与高小时成绩名列前茅。1920 年考入山西农业专科学校，1923 年农专毕业后，被派到繁峙、雁门等县政府做管农业的科长。二十多岁时，回到太原度量衡局工作。为了科学救国，父亲又到晋南临汾棉业改进所当所长，经常下乡指导农民植棉，还到河津、曲沃等县帮助农民改良土壤、治蚜虫等，帮助农民增产增收。

七七事变后，日军大举侵华，到处烧杀抢掠、奸淫妇女。父亲的科学救国理想无法实现，便辞职回家务农。太原、文水相继失陷，父亲见到国民党阎锡山政府官兵溃败惨状，目睹了日军的残暴，更加坚定了抗日到底的决心。为实施“以华制华”阴谋，侵占了文水的日军在全县物色有名望的人出任伪县长，用高薪聘请父亲出任。父亲识破了敌人的阴谋，决不为敌人所利用，断然拒绝。日军恼羞成怒，到处缉捕父亲，此后父亲便到处躲藏。

1938 年 4 月，文水县抗日民主政府成立，时任文水县抗日民主政府县长的顾永田，闻知父亲的高风亮节，到东城村专门拜访，动员父亲参加抗日。父亲欣然接受了党的抗日主张，并任职于文水县抗日民主政府。因为父亲在全县知识界威望很高，随即动员文水全县的知识分子参加抗战，壮大了抗日队伍。父亲又到交城县八分区受训了一个月，被抗日民主政府任命为文水县水利局局长。

1940 年 1 月，第八专员公署成立，顾永田被推举为第一任专员，第八专署任命李生华为文水县县长。李县长之父有病，又被日军追捕，李县长请求父亲给予帮助。父亲将李县长之父安排到隐蔽的庙里，由我家提供饮食衣被，还雇人照料，使李县长能专心致志地把抗日工作搞好。

1940年8月，八路军在华北地区发动了百团大战，文水县委和县政府根据八路军总部下达的战役任务，领导全县人民与地方武装积极配合，取得很大胜利。父亲也配合百团大战，积极筹集物资给予支持。

百团大战后，文水抗战形势大好，根据地面积和人口占全县的百分之九十以上，日军只能退缩在县城。同年10月9日，中共晋西区党委机关报《抗战日报》以“山西中路的模范县”为题做了长篇报道，表扬了文水县在抗战中的卓越表现。“模范县”的称誉激发了全县军民的抗日斗志，同时也引起了日本帝国主义、国民党投降派和阎锡山对文水抗日根据地的仇视与疯狂进攻。12月4日，日军动用晋西北全部兵力、调集晋西南部分兵力共两万五千余人，对晋西北根据地发动了冬季“大扫荡”，文水首当其冲。敌人实行军事、政治、文化、经济相结合的“总力战”，文水县进入抗战以来最艰苦残酷的时期。

父亲为了配合边区粉碎日军的“扫荡”与蚕食的部署，积极开展工作。每逢秋季，八路军武工队利用青纱帐，便于出入开展工作，他们经常来到东城村，找父亲研究如何开展抗日工作。武工队进村，有时为白天，大多数为傍晚。为了安全起见，父亲与武工队把开会地点选在村外高粱地里。父亲让二女儿岚珍用自行车把被褥秘密送到村外高粱地里，让参会同志有坐卧之处，父亲还让岚珍在路边站岗放哨，以防不测。到第二天中午雁珍做好饭，父亲让岚珍把饭送到高粱地里。这种情况在抗战期间坚持了好几年，直到父亲被日军逮捕。

1941年2月以后，全县平川地区被日军侵占，父亲在斗争环境日益恶劣的情况下，不顾自己的安危，把自己的家作为党在敌占区的交通站、转运站和供给部，想方设法接待好山上下来的同志。父亲还主持由八分区出资在信贤开布店，作为八路军的联络点和情报站。一次，八路军某部从山上下来攻打信贤据点，父亲不考虑自己的安危，并且亲自做向导，还让只有十二三岁的岚珍赶大车为八路军送饭，有蒸馍、烙饼、麻花、豆腐干、咸菜、稀饭等大量食物，还有能解渴的葡萄，有力地配合了部队的行动，取得了全歼信贤敌据点之敌的胜利。当时县委书记郑文非常赞赏父亲的抗日热情与义举。

由于敌人的封锁，边区的物资和资金十分匮乏。父亲通过内线关系到太原、太谷、祁县等地购置八分区所需物资，有布匹、油印机、油墨及一些生活所需食品，解决了八分区军政人员和老百姓的穿衣问题。

父亲为了解决边区资金匮乏的问题，每逢秋天就让水利局的工作人员到各村收

水费和税费，收齐后集中到我家。我们全家人在黑夜将收回的银圆整理打包。每十元一小包、每一百元一大包，然后装到口袋里，次日黑夜装到大车上，用干草覆盖，由一位八路军老同志押送到交城山联络点，然后输送到八分区。康世恩当时为八分区专员，对父亲的工作非常赞赏。父亲还在本村开办商店“二和堂”，为八路军筹集资金。

父亲任县抗日民主政府水利局局长后改革了旧的水规，实行了上足下用、贫富均等的用水制度，并打堰挖渠兴修水利，促进了全县农业生产的发展。由于他政绩显著，忠心报国，1942 年 10 月被选为晋西北边区临时参议会参议员。

为了家人的安全，父亲分两次把母亲和五个孩子送到晋绥边区，让我们走上革命道路。

父亲被选为参议员后，得知山西农业专科学校的同学张稼夫正在晋绥边区工作，便写信联系，对方托父亲把他在老家的儿子张燕生送到边区他的身边。张在太原几次遇险都被父亲设法救出。张因资金缺乏、生活困难而写信向父亲求助，父亲每次都寄钱给予资助，帮他渡过难关。

1943 年 12 月，由于太原日伪中央调查部情报员吕善卿告密，父亲不幸被捕，先被押到信贤，后又被押到文水县城日军笠原大队部。在被押送期间父亲曾暗示一伪村副与一伪村警说：“我是被捕了，没话可说，凡是我的朋友亲戚，以及认识的人，请他们不要为我担忧，放心吧，自己做事自己担，决不会害别人、害国家。”他希望把这话传出去，叫有关人员放心。敌人用尽了各种刑罚，始终未从父亲口中得到半点儿抗战的秘密。敌人用硬的不行又用软的来利诱，但什么高官厚禄都动摇不了父亲的抗战决心。敌人软硬兼施都告失败，便于 1944 年 1 月 17 日杀害了父亲。父亲身上被扎了十七刺刀，身上被打得紫一块红一块。殉难时他高呼：“中华民族解放万岁！”“打倒日本法西斯！”牺牲时年仅四十三岁。

父亲没能听到庆祝抗战胜利的锣鼓声，没能听到开国大典的礼炮声，他为了中华民族的利益，英勇地牺牲了。然而，他的革命精神将永远激励我们和我们的后代！

（本文选自《党史文汇》）

# 回忆我的母亲曾秀娟

文 / 郑为群　杨山山

我母亲是一个很普通的小人物，作为一个革命领导同志的伴侣、一个慈祥的老妈妈、一个革命老人，她把她的一生都贡献给了中国革命和中国共产党。她的事迹写不了一本大书，没有多少文字，那样平凡，却又那样感人。

## 钱瑛指向光明路

我母亲曾秀娟，原名曾慧君，1921 年 3 月出生于四川铜梁与永川交界处的板桥（今重庆市永川区板桥镇）。她父亲是晚清秀才，家境还不错，但山区的生活，仍让母亲从小养成了吃苦耐劳、坚忍不拔的性格。参加革命以后，在老同志的带领下，这种性格更是熔铸为钢铁般的决心和毅力。

1938 年，母亲和骆英阿姨（后在南方局工作）在铜梁一中读书，是同班同学。因她俩追求进步、积极活跃，经共产党员罗清老师发展和介绍，加入了中国共产党。

通过学习和参加活动，母亲明白了抗日救国的大道理，奠定了报效祖国的志向。那时，延安是进步知识分子向往的革命圣地，同学们都想到延安去，母亲也不例外。但因为革命的需要，她不得不放弃个人意愿，一切服从组织安排。

不久，由于国民党开始发动第一次“反共”高潮，党的活动转入地下，母亲的组织关系转到了成都。她由铜梁经重庆，带着党的介绍信与川康特委副书记邹风平接上了组织关系。母亲提出想去延安，邹风平说：“干革命在哪里都是一样，你就在四川干革命嘛，不要去延安了。”母亲便留下了，转与特委妇委甘棠联系，组织上决定让她到乐山工作。在乐山，母亲先是被派到一个丝绸厂当女工，工种是“扯猫头”（即并纬线），她当时化名高淑贤。不久，组织又调母亲到灰山井小学教书，改名凌侠。由于工作表现突出，母亲到五通桥区委负责妇女工作不久，便被调回乐山，负责妇女工作。

1940 年 3 月，成都发生“抢米事件”后，白色恐怖的阴云笼罩乐山。因为母亲一会儿叫高淑贤，是女工；一会儿又叫凌侠，在校教书，为防敌人注意，组织决定让母亲离开乐山，前往成都。母亲到成都后不久，川康特委设立妇女工作组，调母亲为妇女组成员，做党内的妇女工作。

1941 年初，国民党掀起第二次“反共”高潮。国民党特务头子康泽带领一批叛徒、特务来到成都，策划大规模逮捕共产党人和进步人士的行动。南方局决定我父亲郑伯克和特委主要领导成员程子健、余代生（于江震的化名）撤离到南方局另行分配工作，派西南工委书记钱瑛到成都检查工作并传达这一通知。工作之余，钱大姐常问及父亲的生活情况，劝父亲成立家庭，说一方面是生活上可以互相帮助，另一方面是工作更需要掩护。她预计将来的工作环境比川康更加艰苦，形势也可能更加严峻，寻找一个性格坚韧的革命伴侣非常重要。钱大姐与母亲相熟，“曾秀娟”这个名字也是根据钱大姐的意见取的，钱大姐认为母亲是一个能在恶劣环境中坚守的人，因此极力促成父母的结合。这时母亲想去延安的愿望仍未改变，钱大姐找母亲谈话，说跟父亲结婚，配合父亲做省委机关的掩护工作，更是当前革命的需要。母亲再次服从了组织的安排。

钱　瑛

## 红岩授命赴云南

约 1941 年 2 月上旬，父母从宜宾乘船前往重庆，辗转来到红岩村，受到了同志们的热情接待。他们被钱大姐安排住在二楼孔原同志住房旁的一间屋内，也在周恩来同志住房斜对面的那间屋住过。由于父亲是要干秘密工作的，这期间很少参加公开活动，几乎没有外出，听报告会也是躲到图书馆里面，由钱大姐把门关上，散会以后才开门叫他出来。母亲为了不暴露，也不跟其他党员发生横向联系，就算在红岩村碰上了同窗好友——当时在南方局协助孔原同志做统战工作的骆英阿姨，也只大概说自己碰巧在这附近，中华人民共和国成立后才告诉骆英阿姨实情。

三个月后，周恩来同志约见父亲，通知调他到云南去主持工委的工作，遵照中央确定的隐蔽方针，把云南地下组织建成秘密的巩固的党组织。端午节前一天，根据组织的安排，母亲同父亲秘密离开红岩村，随后坐上一辆南方局交通科联系的大卡车，前往昆明。这是一辆满载货物的商车，父母坐在货物上，没有篷布遮盖，风吹日晒，还要随时抓紧货物上的绳子，以免被颠簸下来。更糟糕的是，母亲那时候正怀着我，吃了东西就吐，只能勉强吃下去。汽车进入云南曲靖后，就不走了，父母又改乘火车。前后共用了四五天时间，终于抵达昆明。他们先住在“圆通旅社”，父亲通过秘密交通站跟云南省工委联系上后，被安排在昆明附近的呈贡杨洛铺住下。我就是在这一期间父母躲避日机轰炸后出生的。以后为了工作的方便，我们多次搬家。父亲作为省工委书记，开始了对云南党组织的重整工作。

刚到云南时，遵照周恩来和南方局其他几位同志关于职业化的指示，父亲要求省工委的所有人员谋取社会职业。1941 年 10 月，他自己也进入地方财经系统所辖的省合作金库当了一个办事员，开始在文书股担任撰稿工作，不久又调去管理案卷。父亲的工作十分繁忙，每天八时出门，下午六时返家，晚上还要从事党的工作，有时星期天也要到库里报到。为了支持父亲的工作，母亲更加繁忙。一方面，她在中华职教社学习会计，毕业后又在业余补习学校当会计教师，上下课时间需要严格遵守；另一方面，作为省工委机关的两名工作人员之一，还有一些联络的任务。她既不愿意舍弃职业化，也不愿意放弃党的工作，同时，还要照顾我和弟弟，十分劳累。

### 冲破黎明前的黑暗

在云南时，母亲也和父亲秘密参加一些公开活动。如 1946 年 4 月 20 日晚上，父母领着我们和邻居一起进入云南大学，参加该校党支部借校庆机会组织的群众活动，结束后又随群众一起离开，丝毫不引人注目。5 月底至 6 月初，经过云南党组织的努力和协调，圭西山区兄弟民族歌舞团在国民党省党部礼堂表演《阿细跳月》和《五里亭》等节目，反响很大。父亲注意到看演出的人很多，也同母亲带着我们买票去看。

6 月间，发生了一件敌人突然袭击检查的事，那时父母住在北仓坡的一个大院。一天早上，母亲上街买菜，刚出门又折了回来，说大院门口有警备部队把守。父亲马上意识到有情况，赶快收拾准备。本来家里一般不存放秘密的和公开的党的文件，但刚好前一天收到两份《新华日报》，还有随报附送的两小页公开文件。情况

紧急，要烧毁反而容易暴露，只有想办法藏起来。父母急中生智，看到地板上有一堆孩子刚换下来的屎布，便商量着把文件卷起来夹在一条屎布里，一起放在一堆脏东西之中躲过了一劫。7 月 11 日李公朴在附近被暗杀后，父亲推想这可能是敌人在暗杀之前的行动。

随着解放战争的胜利发展，云南白色恐怖日益加重。1948 年夏，父亲从不同渠道得知国民党云南省政府主席卢汉和昆明警备总司令何绍周要从学生入手找到共产党的首脑机关，并且要搜捕一个脸上有疤、牙齿不整齐的人——根据他们掌握的情况，这个人是共产党在云南的头目。父亲暗自吃惊，因为这两项特征都是他所有的——小时候因调皮，跌跤划破了脸，在四川时脸上的疤痕还很明显，到云南近八年后才渐渐消失；他儿时缺钙，几颗门牙不规整。虽然父亲一直注意隐蔽，在工作中从未使用过真名，但此时处境也极其危险了。11 月，父亲到香港向钱瑛同志汇报工作。钱瑛谈到当时原川东特委副书记、重庆市委书记刘国定的被捕叛变时说，刘国定还向特务机关交代说认识上海局负责人（即钱瑛）并知道她的住处，也认识云南地下组织负责人（即我父亲），但不知道地址和联络暗号。因此，特务机关给云南发来电报，描绘了父亲的特点，要云南当局注意搜捕。因为当年在四川工作的关系，刘国定认识父亲，1941 年在红岩村等待分配工作期间，刘国定也认识了母亲。形势紧急，母亲和我们被安排疏散去香港。

记得我们从云南离开时，为了掩护，母亲对别人说是带着孩子去四川老家看姥姥，以免小孩子不懂事乱说，连我们也被蒙在鼓里。我们到香港后，跟钱瑛同志住在一起。不久，中华人民共和国成立，我们又跟着钱瑛离开香港前往北京。轮船到达烟台后，母亲以及同行的叔叔阿姨都激动起来，跳啊唱啊，特别高兴。敌占区的人到解放区就像到了家一样，他们一路高唱《跟着共产党走》:“你是灯塔，照着黎明前的海洋；你是舵手，掌握着航行的方向……”接着，一行人乘坐大卡车经天津往北京走。我缠着母亲嚷嚷：“什么时候见姥姥？什么时候到老家啊？”母亲说：“跟叔叔阿姨一起唱，唱完歌就到老家了。”原来，老家就是北京，就是解放区啊！

（本文选自《红岩春秋》，有删节）

# 我的父亲凌海波

文 / 凌树青

我的父亲凌海波，1909 年 1 月出生于江苏丹徒浦圩（今镇江市丹徒区荣炳镇）。他离开我们已经三十五年了，但他的照片、文稿、公文包和革命事迹仍保存在茅山新四军纪念馆中。

## 参加新四军

1937 年日本发动全面侵华战争，继平、津失守之后，沪、宁又先后沦陷。就在这年年底，父亲参加了管文蔚领导的丹阳抗日自卫团。1938 年中，陈毅、粟裕率新四军挺进茅山地区，不久，丹阳抗日自卫团改编为新四军挺进纵队（简称“挺纵”）。这年 9 月，父亲加入了中国共产党，并担任了挺纵第四支队第十二大队大队长。组织上为了培养干部，于 1939 年 11 月，把他送到皖南新四军教导总队，经过八个月的学习，结业后分配到老一团当侦察参谋。

凌海波

## 担任苏中海防团参谋长

1941 年 1 月，国民党发动了皖南事变。事变中，父亲奉命带领军部部分伤病员和家属数十人向北突围。当时日军封锁长江，父亲设法动员几条打鱼船，乘黑夜把伤病员和家属送到江北，躲过了这一劫。新四军重建军部后，粟裕部改编为新四军第一师，父亲任第一师作战参谋。1942 年初，粟裕师长决定组建苏中军区海防大队，任命父亲为大队长。是年秋，粟裕决定将海防大队扩编为海防团，由旅长陶勇兼任

团长，吴福海任副团长，父亲任参谋长，何振声任政治处主任。为争取收编海匪武装，粟裕交给父亲一个特殊任务，要他去策反一股海匪。父亲深入这股海匪驻地，经过三个多月艰苦细致的工作，终于说服他们接受新四军的收编。父亲带领三十多条船，三百多人，向新四军驻地附近的小洋口港湾进发，不料被日军炮艇发现。快到小洋口时，指挥船被炮弹击中，船篷着火，船板飞起。父亲跳入水中，抱着一块船板向岸边游去。近岸水浅，日军炮艇无法接近，只好悻悻退去。粟裕师长亲临小洋口慰问来归的部队，他看到父亲只穿一条裤衩，公文包、地图等都掉进了大海，马上送给他一个公文包、一幅军用地图、一双马靴。

**临危受命出任茅东县长**

1943 年 3 月，上级派父亲去溧水的“抗大”九分校学习，适逢国民党顽军向驻两溧地区的新四军第十六旅发起大规模进攻。在反顽斗争中，“抗大”九分校遭受损失，4 月奉命转移到淮南根据地休整。这时，中共茅山地委书记吴仲超找到父亲说：“日伪军正在策划对茅山地区的‘清乡’，我们正在布置反‘清乡’斗争，形势非常严峻。你是茅山人，熟悉这里的情况；你又是军事干部，这里很需要你这样的干部，我们想请你留下来，坚持斗争。”作为共产党员，又是家乡人，父亲坚决听从党的召唤，放弃撤往淮南休整的机会，留在茅山地区担任茅东县县长兼警卫团团长和民兵自卫总队总队长。

敌人用竹篱笆封锁“清乡区”，在“清乡区”建立伪政权，遍布情报网，推行联保制度，疯狂逮捕与新四军有联系的人。父亲带一支短枪队活动在“清乡区”内，每次他们一进村，敌人立即就跟着来了，老百姓也就不敢接近他们。这是因为敌人有耳目。父亲认为要打击敌人的猖狂气焰，必先清除敌人的耳目。

西旸特工队长吴晓玲原是新四军的参谋，后来叛变当了汉奸。他熟悉新四军的情况，了解新四军后方机关、医院、兵工厂的情况，也了解新四军的作战特点和活动规律，对根据地的安全威胁很大。于是，父亲设法把他处决了。宝堰赵仲华、凌友松是日伪情报站的特工，父亲通过赵仲华的亲友劝说他们不要当汉奸。他们一度停止活动，但后来日伪一来“扫荡”，他们又为日伪送情报了，且狐假虎威，为非作歹。一次，趁他们外出喝酒的机会，父亲派人用绳子把这两个败类勒死了。事后，连他们的家人也认为这两个汉奸该杀。一系列“锄奸”活动，使日伪耳目失灵，变成盲人瞎马，处处扑空。

1944 年初，父亲在一个村子收粮结账，不料汉奸石仲英到西旸据点告密，日军立即带伪军百余人来包围搜查，父亲只好带着一个班仓促上楼隐蔽。敌人只知父亲在这个村，并不知道他在哪一家。敌人把老百姓抓去拷问，谁也不说实话。敌人气得砸了村上老百姓家一百零八口锅。

父亲脱险后，安抚了群众，发狠说：“石仲英这个汉奸，我不让他过正月初五，一定干掉他！”正月初四这天，石仲英在西旸赌钱，父亲便派短枪队二人化装混进赌场，当场将其击毙。事后群众称赞：“新四军真厉害，说不过初五，初四就把他干掉了。”

**铁拳警卫员凌荣炳**

父亲有个警卫员叫凌荣炳，虽是警卫员，但只比父亲小两岁。他们在茅山根据地共同战斗数年，成为亲密的战友，父亲到哪里总是把他带在身边。凌荣炳曾多次掩护县委、县政府的领导同志脱险，出色完成“锄奸”任务。

宝堰有个敌特大队长叫庄立成，父子俩都是汉奸，仗着日伪是后台，经常敲老百姓竹杠。群众恨之入骨。父亲考虑到人去多了反会惊动敌人，便派警卫员凌荣炳单枪匹马去收拾这个汉奸。因凌荣炳不认识庄立成，又派了两人途中接应。凌荣炳正向宝堰据点走去，恰与庄立成迎面相遇，不料庄先向凌荣炳开一枪，幸好是瞎火。凌荣炳立即回一枪，击中庄立成的右臂，庄立成扭头就逃。凌荣炳紧追不舍，一直追了两里多路，终于擒获庄立成。因接近敌据点，开枪恐惊动据点内敌人，凌荣炳便用拳头砸死了这个特工头目。从此，凌荣炳被人称为“凌铁拳”，名扬四乡。

1945 年 10 月，父亲随军北撤，参加了苏中、两淮、莱芜、孟良崮、豫东、淮海、渡江等重大战役，多次负伤。上海解放后，父亲任松江军分区参谋长。而凌荣炳留在茅山任陶宝区委副书记兼副区长，坚持当地斗争，1946 年 5 月 28 日，被国民党残忍杀害。中华人民共和国成立后，父亲难忘昔日患难与共、英勇牺牲的亲密战友，向地方政府建议，把烈士家乡命名为“荣炳乡”。地方政府完全赞同父亲的提议。后来“荣炳乡”改称“荣炳公社”，现在叫“荣炳镇”。

（本文选自《铁军》）

# 英雄母亲——邓玉芬

文/刘　冕

邓玉芬

邓玉芬，1891年出生于北京密云水泉峪村，后嫁到密云张家坟村，一生务农。抗日战争和解放战争中，她舍家纾难，丈夫和儿子共七位亲人先后牺牲，被当地人民誉为“当代佘太君”。1970年2月5日病逝，享年七十九岁。

北京密云，有一位英雄母亲。她的丈夫和六个孩子，全部为国捐躯。

这位伟大的母亲叫邓玉芬。

邓玉芬是个倔强的女子，她坚信只要努力，家里人丁兴旺，日子总有一天会好起来的。婚后，她和丈夫借住在亲戚家，靠租种地主家的几亩地，含辛茹苦地拉扯大了七个儿子。

好日子还没有熬到，1933 年长城抗战失败后，日本侵略者就把邓玉芬的家乡强行划入了伪“满洲国”。为了糊口，她被迫搬到张家坟村东南的猪头岭山上，开荒度日。

1940 年，八路军十团挺进密云西部山区。在邓玉芬的家门口，八路军宣讲抗日道理，字字句句都说到了她的心坎上。她知道，只有拿起刀枪打日军，才能挽救国家、拯救自己。

当年 6 月，十团组织游击队。邓玉芬和丈夫商量：“咱家有人，在打日军这件事情上，绝对不能含糊。就叫儿子打日军去吧！”于是，邓玉芬的大儿子永全、二儿子永水成为白河游击队的首批战士。

9 月，邓玉芬知道游击队正缺人手，又毫不犹豫地把三儿子送去了白河游击队。

1941 年底，日本侵略者实行“三光”政策，制造“无人区”。邓玉芬响应党的号召，开展反“无人区”斗争。她叫丈夫把在外扛活的四儿子、五儿子找回来，在环境最残酷的时候，参加了抗日自卫军模范队。

1942 年，抗日政府发出了“回山搞春耕”的号召。邓玉芬和许多山地群众决定重返“无人区”。她让丈夫先回山里搭窝棚，自己随后就到。谁知丈夫走后没几天，竟传来噩耗：丈夫、四儿子和五儿子在种地时遭日军偷袭，丈夫和五儿子同时遇害，四儿子也被抓走了。

坚强的邓玉芬没有屈服。亲友们劝她不要再回山。她拉起两个小儿子，坚定地对他们说：“走，回家去。姓任的杀不绝，咱和鬼子拼了！”她又回到了猪头岭，拿起丈夫留下的镐头，没日没夜地开荒种地。

国难当头，人命如蝼蚁，不幸的事接二连三地发生在这位母亲身上。1942 年秋，大儿子永全在保卫盘山抗日根据地的一次战斗中英勇牺牲。

1943 年夏，被抓走的四儿子永合惨死在鞍山监狱。同年秋，二儿子永水在战斗中负伤回家休养，因伤情恶化无药医治死在了家里。三儿子也下落不明。

白发人送黑发人，面对沉重的打击，邓玉芬咬牙挺住了。只是，往日性格开朗的她，变得沉默寡言。春种秋收，做鞋做袜，照料伤员，她从不得闲。她的家成为八路军和伤员的休息站，干部战士到了她家，就像到了自己家一样。

战士们就是她的亲儿子！邓玉芬为了让伤员能多吃点儿，自己节衣缩食。家里养的几只老母鸡，鸡蛋却一个也舍不得给亲儿子吃，统统送给了伤病员。战士们都

知道在密云的猪头岭有个邓妈妈。

1944 年春，日伪军为了肃清“无人区”的抗日力量，围住猪头岭一带，一连折腾了七天七夜。小六儿跑丢了，她背着刚满七岁的小七躲进一个隐蔽的山洞里。她为了掩护藏在附近的乡亲和干部们，眼睁睁地看着幼子连病带饿死在怀里。

1945 年 8 月 15 日，日本帝国主义投降了，中国人民胜利了。邓玉芬眼噙泪花，告慰九泉之下的亲人：咱们胜利了！

值得一提的是，唯一剩下的儿子小六儿也被妈妈送去当兵，1948 年在攻打黄坨子据点的战斗中壮烈牺牲。

在这场救亡图存的伟大斗争中，男女老少齐动员。为了保家卫国，邓玉芬献出了一个妻子和母亲的至爱，这是抗战时期最普通的百姓代表，他们值得我们永远铭记。

（本文选自《北京日报》）

# 我的父亲母亲

文 / 袁振威

袁国平

袁国平（1906 年—1941 年），湖南宝庆（今邵东市）人。1925 年入黄埔军校第四期，同年加入中国共产党。1926 年参加北伐战争。1927 年先后参加南昌起义和广州起义。广州起义失败后，率部转移到海陆丰地区坚持斗争，任工农革命军第四师党代表。

后进入中央苏区，历任中国工农红军第五军政治部主任、第三军团政治部主任、第八军政治委员、红军总政治部副主任，参加了中央革命根据地的历次反“围剿”作战和长征。1936 年起任西北红军大学政治委员、中国抗日红军大学第三科政治委员、教导师政治委员、红军步兵学校政治委员、中共陇东特委书记等职。

1938 年任新四军政治部主任，长期从事人民军队的政治工作，重视思想教育，善于及时总结经验，是工农红军和新四军中优秀政治工作者。

1941 年在皖南事变突围中壮烈牺牲。

在皖南事变突围中，父亲身负重伤，寸步难行。他不愿连累战友，举枪自戕，实现了自己的阵前誓言——九十九发子弹射向敌人，一发留给自己。

我父亲袁国平，1906 年 5 月 26 日出生在湖南宝庆一个弹棉絮的工人家庭。他

凭着聪慧和勤奋，依靠奖学金读完小学，1922 年 9 月以优异成绩考入湖南省立第一师范。1925 年，他在黄埔军校学习时加入中国共产党。

父亲在皖南新四军的日子，是他生命中最丰富多彩的一页。

1937 年 7 月抗日战争全面爆发后，中国共产党为了团结抗战，向国民党当局提出统一整编南方八省十四个地区的红军和游击队、开赴华中敌后抗战的建议。

经过两党谈判，同年 10 月 12 日，国民党政府军事委员会宣布：将南方红军和游击队，改编为国民革命军陆军新编第四军。

**毛泽东说：“袁政治开展，经验亦多，能担负独立工作。”**

新四军活动的华中地区，斗争情况错综复杂，因此，政治部主任的人选就显得极为重要。这时，毛泽东想到了我的父亲。

父亲先后参加了北伐战争、南昌起义、广州起义、井冈山的斗争、创建中央苏区、组建中央红军主力部队、五次反“围剿”、万里长征、创办红军学校、开辟抗日根据地……在许多重大事件中，他所展现出的政治工作方面的才华，给毛泽东留下了深刻的印象。毛泽东在致项英电中指出：“袁政治开展，经验亦多，能担负独立工作。”

父亲离开延安前，毛泽东同志和他长谈了数个小时。毛泽东同志说，新四军处在敌伪顽夹缝中，政治工作既要保持继承红军的优良传统，又要考虑统一战线环境下的特殊性。

1938 年 4 月 26 日上午，父亲一行风尘仆仆抵达皖南岩寺新四军军部。这天，军部正在召开挺进敌后抗战誓师动员大会。父亲径直来到会场，首先传达了中共中央、中央军委对新四军的指示，并发表即席讲话，对即将挺进敌后的部队提出了殷切的期望。

父亲的儒将风度，给与会者留下了深刻的印象。当年跟随父亲一起从延安到新四军的顾鸿老将军说：“袁主任做报告，大家都喜欢听。他要你笑，个个都捧腹大笑；要你哭，个个都流泪，他就有这个本事。”

**举枪殉国，把生的希望留给战友**

父亲到皖南后，在开展抗日游击战争的同时，扩大新四军队伍，开辟和建立根据地。到 1940 年底，新四军由 1938 年 4 月编组时的一万余人发展到八万八千人。

在新四军发展壮大的过程中，政治工作发挥了重大作用，父亲为此呕心沥血，忘我工作。其间，父亲编著的《新四军政治工作十讲》《江南敌后游击战争中的军队政治工作》等，已成为我军政治工作的宝贵财富。在他的主持下，新四军政治部先后创办了《抗敌报》《抗敌》杂志和《抗敌画报》。陈毅伯伯曾经告诉我，父亲还主持并参与创作了新四军军歌。皖南事变前夕，父亲还填写了《别了，三年的皖南》的歌词："前进号响，大家准备好，子弹上膛，刺刀出鞘，三年的皖南，别了……"

1941年1月14日晚，父亲在皖南事变突围中，身中四弹，躺在突围部队前进的路旁。军部卫士连副连长李甫及战士们见他血肉模糊，不能行走，想背着他走。父亲睁开眼睛，吃力地对李甫说："战士们都是革命的种子，要赶快突围，把他们带出去……""你们走你们的，不要管我了！"战士们不肯把首长丢下，就用树枝扎了副担架，抬着他走。

天亮前，队伍赶到青弋江南岸。不料，渡河时被堵截的敌人发现，密集的子弹飞来，抬担架的战士一个接一个倒下，父亲也掉进水中。后面的战士又冲上来把父亲抬起，边打边强渡，激战约四十分钟才到达对岸章家渡。此时，一百多人的队伍只剩下三四十人了。

渡河时父亲再度受伤，身体极度虚弱。他挣扎着把一个笔记本和七块大洋交给李甫，断断续续地说："你们赶快突围……不要管我了……否则一个都出不去……替我向组织上汇报。"并指着七块大洋说，"这是党费……"说完，乘战士们不备，父亲悄悄摸出手枪，对准自己的太阳穴扣动了扳机。

"如果我们有一百发子弹，要用九十九发射向敌人，最后一发留给自己，决不当俘虏！"三十五岁的父亲承诺了自己的阵前誓言。

李甫把父亲的遗体交给当地游击队的负责人刘奎。刘奎将父亲葬在一个老木匠的祖坟地里，并告诉他，这是新四军政治部主任袁国平。他用刺刀在一块青砖上刻了"袁国平"三个字，放在父亲的上衣口袋里，又在父亲的头下放了一根腰带作为记号。刘奎对老木匠说："我就把他交给你了，千万别让人知道，我们一定会回来的！"老木匠说："我知道，你就放心吧！"

后来，老木匠临终时交代老伴说："这祖坟地里还葬着袁国平，等新四军回来一定要把他交给新四军。"就这样，老太太每年清明照样去上坟，直到1949年解放军打到芜湖，她才让儿子去打听解放军是不是当年的新四军。她说："如果是，你就告诉他们，新四军政治部主任袁国平的遗体藏在我们这里。"后来她的儿子到芜湖找到部队并与刘奎取得了联系。

皖南事变后不久，我伯父袁醉如找到八路军驻西安办事处，询问弟弟的下落。办事处主任伍云甫受八路军参谋长叶剑英委托，告诉伯父："袁国平同志在皖南事变中壮烈牺牲。”

## 亲密伴侣，母亲拖着一双小脚走长征

我母亲邱一涵于20世纪20年代参加革命，是《续西行漫记》书中提到的参加长征的三十名红军女战士之一。她拖着一双缠过的小脚，和父亲一起走过了二万五千里长征。母亲不仅是我父亲的亲密伴侣，更是与他并肩战斗、患难与共的战友，1940年他们还被新四军军部评为模范夫妻。为了革命事业的需要，他们将我大姐雅音寄放在平江老家，大姐跟随外婆逃难，十三岁就做了童养媳；把二姐珍珍和我交给祖母抚养，二姐两岁因病无钱医治夭折，而我则一度牵着双目失明的奶奶讨饭度日。

袁振威与母亲

父亲之死，特别是多年蒙受着不白之冤，对母亲的打击和折磨可想而知。但她对党、对共产主义的信念丝毫没有动摇。她曾拿着父亲的遗书对我伯父说："国平置身革命是以牺牲一切为代价的，这一切就包括牺牲生命和承受委屈。能否受得了委屈对人往往是更大的考验，在战争年代有些人作战勇敢，不怕流血牺牲，却因为受不了委屈而脱离革命，当了逃兵。我们要相信组织，相信党总有一天会把问题搞清，还国平一个公正！”1946年，由于地下工作的需要，我被接到上海母亲身边。当我问起父亲时，母亲或者说父亲在外地做生意，或者说当炊事员在前方打仗，从未提及父亲牺牲之事。

我在“三八”小学读书时，一些同学互相攀比父母的官职，有的说父亲是司令员，有的说是政委，有的说是军长……我也自豪地说，我父亲是“炊事员”。同学们都笑了，他们告诉我，炊事员就是伙夫，就是烧饭的。回到家我扑在妈妈怀里哭了，说父亲“没出息”。母亲说："司令员、炊事员，都是人民的勤务员。没有炊事员烧饭，司令员、政委、所有人都得饿肚皮，就无法打仗，更无法打胜仗。当炊事员同样光荣！”母亲曾告诉我，我的小名浣郎（皖南的谐音）是父亲出征前给我取的。母亲要我继父志、承父业。

母亲于1956年病逝，南京军区暨江苏省委遵照她的遗愿将她与我父亲合墓。

**告慰英灵，三烈士安葬雨花台旁**

母亲去世后，江苏省委常委会决定将我交由省委第一书记江渭清叔叔代管。那时我十七岁，父亲的战友们把他们的怀念之情都倾注在我的身上，他们不仅在生活上关心我，更是用父母的优秀品质和事迹教育我，为我指点成长的方向，铺设成长的道路。朱德伯伯曾对康克清妈妈说："小袁也是我们的孩子，叫他来北京，我们管起来！"周恩来伯伯教导我："要学习你父母亲的优秀品质，不要迷失政治方向。"陈毅伯伯、张茜阿姨对我说："你父母都不在了，我们跟他们一样就是你的父母，我们家就是你的家。"

中华人民共和国成立不久，时任华东军区司令员的陈毅派人赴皖南寻找我父亲和同在"皖南事变"中牺牲的项英、周子昆的遗骸，并将他们重新安葬在南京雨花台旁的望江矶，定名为"皖南事变三烈士墓"。

（本文选自《新民晚报》）